AF581940

O SEA QUE EL AMOR ERA ESTO. DIBUPOEMAS DE AMOR

ExLibric

ÁLVARO GONZÁLEZ DE ALEDO LINOS

O SEA QUE EL AMOR ERA ESTO. DIBUPOEMAS DE AMOR

EXLIBRIC
ANTEQUERA 2015

O SEA QUE EL AMOR ERA ESTO. DIBUPOEMAS DE AMOR

Diseño de portada: Dpto. de Diseño Gráfico Exlibric

Iª edición

Editado por: ExLibric
c/ Cueva de Viera, 2, Local 3
Centro Negocios CADI
29200 Antequera (Málaga)
Teléfono: 952 70 60 04
Fax: 952 84 55 03
Correo electrónico: exlibric@exlibric.com
Internet: www.exlibric.com

ISBN: 978-84-18912-97-9

Nota de la editorial: ExLibric pertenece a Innovación y Cualificación S. L.

O SEA QUE EL AMOR ERA ESTO. DIBUPOEMAS DE AMOR

Álvaro González de Aledo Linos

A las chicas que me inspiraron,
y especialmente a Ana, la mejor
y definitiva, el alisio que convirtió
en un soplo asmático
todo lo anterior.

Índice

Prólogo

Indulgencia, mucha indulgencia es lo que tengo que pedir al lector. Porque estos dibupoemas abarcan un periodo de muchísimos años, casi toda una vida, e incluyen desde los amores ingenuos de la adolescencia hasta el amor a un hijo que se va del país y tienes que callar el dolor con un poema que además le transmita algo, pasando por el amor a una madre que ya se despide, a una niña que se hace mujer, y otros más. Por lo tanto muchos tipos de amor y expresados de formas diferentes. Y también porque he tenido que cambiar algunos detalles, formas, y la cronología de los versos, para que no se reconozcan las mujeres, las fechas o las situaciones que ahora, fuera de su contexto, podrían interpretarse mal y causar dolor a alguien por los malentendidos. Para que quede solo su valor literario y no sean el reflejo de una biografía, la mía, que prefiero que permanezca en el misterio, revueltos los aciertos y los errores, las cumbres del amor y sus pozos más hondos. Lo que tengo claro con la perspectiva del tiempo es que, aunque parezca contradictorio con la literalidad de algunos de los dibupoemas, las amé a todas.

Quiero quedarme contigo toda la noche

Quiero quedarme contigo toda la noche
juntos en el silencio de nuestra casa,
aquí donde te olvidas de que la vida pasa
por esta ciudad fantasmagórica y oscura,
aquí donde el corazón pierde su cordura
y se libera, grita, sueña y canta,
y dice por mi boca cosas de loco,
aquí donde tú y yo debajo de la manta
nos estamos amando poco a poco,
aquí, cariño, donde he comprendido
este amor simplicísimo y dorado,
aquí donde tantas veces nos hemos recorrido,
y donde tan tiernamente nos hemos besado,
quiero decirte que te quiero, Ana,
me quiero quedar contigo hasta mañana.

En esta cama pequeña y oscura
donde nos hemos emborrachado de ternura.

PASA POR ESTA
..AQUÍ DON
DE EL C
RAZÓN
PIERDE SUC
RDURA
NTASMAGÓRIC
Y SE LIBERA, GRITA,
SUEÑA Y CANTA, Y
DICE POR MI BOCA
COSAS DE LOCO
RA..
QUIERO
QUEDARME
CONTIGO TODA
LA NOCHE,
JUNTOS EN
EL SILENCI

Acaricié el volcancito de tu pecho

Acaricié el volcancito de tu pecho
y sorbí la miel de tus pezones,
creé la música de miles de canciones
y resumí mil versos en un verso,
y resumí mil cuerpos en tu cuerpo.

Todo el amor del mundo se juntaba
en el cuartito mísero y estrecho
donde yo torpemente te robaba
pizcas de amor del desolado pecho,
y donde te decía
todo lo que mi tonta cabeza discurría.

Todo estaba sembrado con amor:
desde el corcho hasta la última baldosa,
la luz de la bombilla temblorosa
y la oscuridad de la tímida ventana,
mas sobre todo tú, pequeña Ana,
acostada a mi lado,
recogiendo calor del cuerpo mío,
acariciando mi pelo, mi costado,
y de punta a punta mi cuerpo enamorado.

Tú eras el alma de la tarde, amada,
eras tú quien movía mi sangre enamorada.

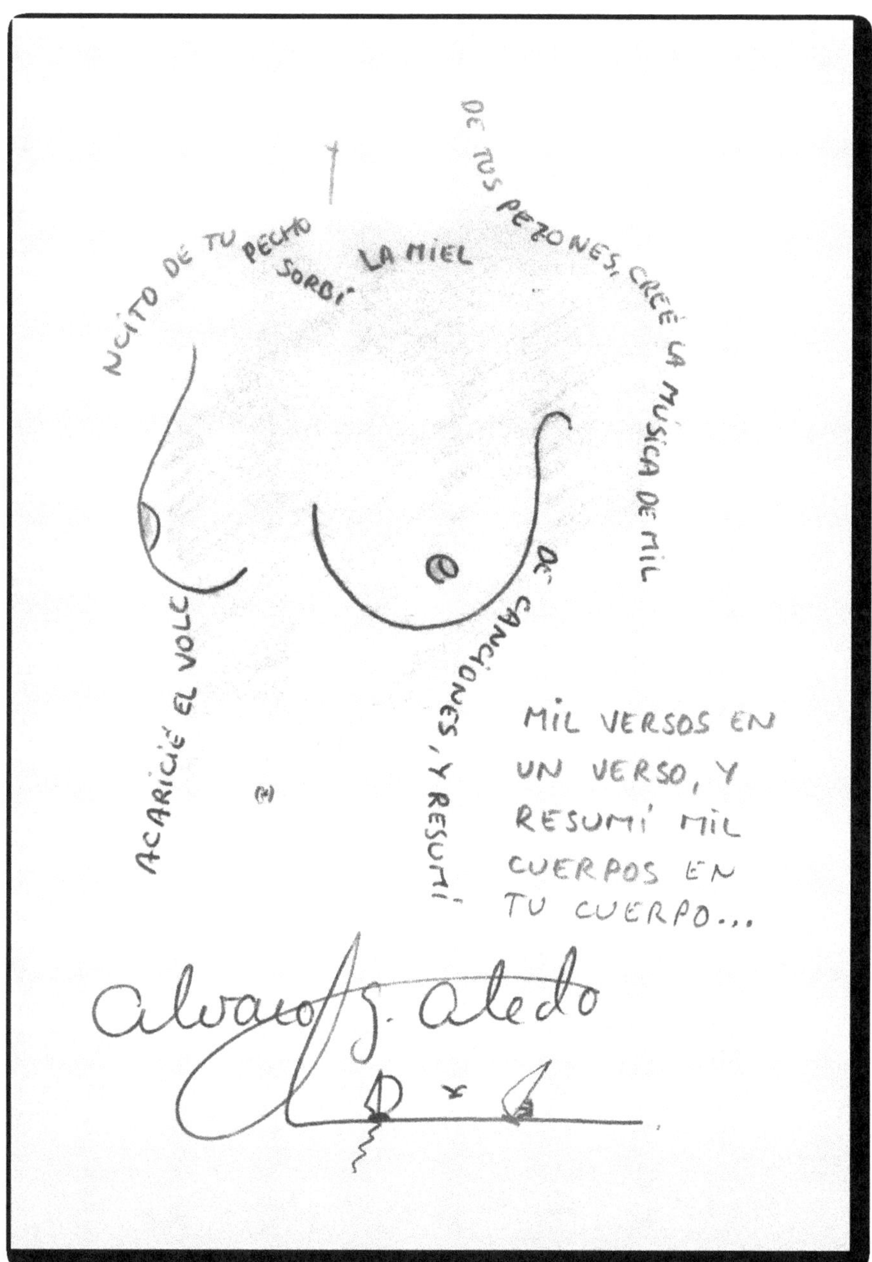
ACARICIÉ EL VOLE
NCITO DE TU PECHO
SORBÍ LA MIEL
DE TUS PEZONES, CREÉ LA MÚSICA DE MIL
DE CANCIONES, Y RESUMÍ
MIL VERSOS EN UN VERSO, Y RESUMÍ MIL CUERPOS EN TU CUERPO...
alvaro g. aledo

Si hubiera que dar un nombre a lo de esta noche

Si hubiera que dar un nombre a lo de esta noche
yo elegiría uno robusto y femenino:
robusto como el loco sexo de medianoche,
tierno como el amor del lecho matutino.
¡Vaya desinhibida y loca madrugada,
sorprendente, renacida, enamorada!.
Sorprendente y renacida me amaste ayer,
me devolviste la alegría de vivir, mujer.

Fue una noche de esas inolvidables, tiernas,
de las que te enloquecen de puro inesperadas,
el rito de un altar de interminables piernas,
de esquizofrénicas frases musitadas.
Noche de acariciar lo plano y lo convexo,
noche de morder lo blandísimo y lo duro,
de decir tonterías al calor de tu sexo,
de amar tu pecho blando, de amar tu vientre oscuro.

Noche mojigata,
noche de vela en la ciudad dormida,
en esta ciudad anacrónica y beata,
la de la ingenuidad de la niñez perdida.

En ella resucitamos nuestros amores pequeños,
esos que nunca pudimos confesarnos,
y entre risas, locuras, recuerdos y sueños
pudimos al fin amarnos.

Toda la noche brilló la luz de una bombilla
en la oscuridad de la villa provinciana,
la que alumbró tu joven desnudez, chiquilla:
la única cosa viva de la noche holgazana.
La que no trascendió de la ventana,
la que alumbró el despertar del sexo renacido,
la que me vio besar tu pecho desvalido,
¡hermosa redondez de porcelana!

¡Cuánto amé, cuánto amé tu desnudez enflaquecida,
cuánto amé tu larga historia desgraciada,
cuánto amé tu osadía enamorada
al derrotar mi timidez rendida!
¡Cuánto amé tus pechitos ateridos,
cuánto amé tus caricias escogidas,
cuánto amé tus mordiscos contenidos
y tus sonrisas locas y partidas!

Nunca olvidaré tus dedos en la boca,
tu forma de besar con la lengua y los dientes,
y nunca olvidaré las frases sorprendentes
que me dijiste en esa noche loca
de Los Inocentes.

No olvidaré esta continuación de nuestra historia
aunque otras cosas más sabias y prudentes
se me puedan borrar de la memoria.

Siempre recordaré esta noche tan bonita,
esa sorpresa inesperada, esa faldita.

SI HUBI-
ERA
QUE
D
R UN NOMBRE
LO DE E
A NOCHE YO ELE
IRÍ
UNO ROBU
STO
Y FEMENINO: ROBUSTO CO...
O EL LO
O SEXO DE MEDI
NOCHE,
TIERNO COMO
MOR DEL LECHO MATUTINO. ¡VAYA DESINHI...
...BIDA Y LOCA
MADRUGADA,
SORPRENDENTE,
RENACIDA,
ENAMORADA!
alvaro g.aledo

Te fuiste en un tren pequeñito, como tú

Te fuiste en un tren pequeñito, como tú,
como tu nombre corto, austero,
pero pesado, potente y duro
como el amor enfebrecido y puro
con que te quiero.

Compré tus cigarrillos al salir de la estación,
mi amor, aunque ya no ibas a fumarlos,
y los puse en la mesa del salón
para acordarme de ti al mirarlos;
Y ahí los tendré, con polvo y solitarios,
como tendré la casa: como tú la dejaste,
cada mueble, cada adorno, cada rincón.
Incluso yo, como cuando te marchaste,
dejando a la vida torpemente pasar,
quieto y petrificado estaré en el balcón,
frente al mar.

Y te echaré de menos
en esta temporada macilenta,
compañera sencillísima y sana,
hasta que vuelvan los momentos buenos
a despolvar mi vida polvorienta
cuando tú vuelvas, Ana.

Y dejaré la cama revuelta
conservando tu olor y tu ternura,
hasta tu vuelta.

TE FUISTE EN UN TREN PEQUEÑITO COMO TU, COMO TU
NOMBRE CORTO, AUSTERO, PERO PESADO, POTENTE Y
DURO COMO EL AMOR ENFEBRECIDO Y PURO
CON QUE QUIERO. COMPRÉ TUS CI-
TE
G
RR
LLOS
ALS
...S
IBAS A FUM
DEL
LIR DE LA ES
N
RLOS Y LOS PUSE EN LA NE... AUNQUE YA N
MI
O
..PARA
ACORDARME
DE TÍ AL MIRARLOS.

Poema 300

Este poema que hace el número trescientos
va a ser de los más tristes y bochornosos;
no va a ser como aquellos vivos y cariñosos
que escribía de joven sin un desliz,
ni como aquellos otros de Madrid,
los de los dulcísimos momentos.
Este nace marcado por un matiz:
que me falta la niña que me hacía feliz.

No quisiera escribir el poema trescientos
porque va a despertar antiguos sentimientos;
algunos que ya estaban olvidados
(penas hondísimas de la niñez)
y otros tramposamente recordados,
penas soportables de la madurez.
No quisiera escribir el poema trescientos,
va a desempolvar recuerdos polvorientos.

Ya me está trayendo a Gloria de la mano.
Veo la puerta de su casa de verano,
aquel oscuro y señorial portón,
y el banco donde nos dábamos la mano,
bajo el sauce llorón.
Veo un niño vestido de huertano
y en un árbol grabado un corazón.
Ahora le veo solo sobre la nieve
explicándole a un perro su dicha breve.

No quisiera escribir el poema trescientos.

Ahora me está trayendo a Inmaculada:
la veo en el altar de la misa del colegio,
guapa, desaliñada,
coqueteando con el privilegio
de ser la catequista más deseada.
La veo en la película que hicimos,
inexperta, bienintencionada y sana.
Ahora la veo mucho más cercana:
la reciente noche que nos descubrimos.
Mas después de la noche vino la alborada
y por segunda vez vi partir a Inmaculada.

No quisiera escribir el poema trescientos.

¿Qué es aquella muñeca angelical,
aquella carita enigmática y rolliza?
Una brisa me alegra el corazón:
es Myriam cuando la conocí en Suiza.
En una sala ruidosa y musical
ella, sola y callada, en un rincón.
Después un verano lleno de ilusión,
inseguro, insensato, pero bonito.
Y al final como siempre: una estación.
¡Ya dije que este verso nació maldito!

Hubiera preferido no comenzar,
el poema trescientos me está haciendo llorar.

Una lágrima salada por la mejilla
me ha hecho acordarme de otra chiquilla
con gafitas doradas, intelectual, italiana.
Veo el cuerpo de espiga de Susanna,
sus gestos y sus frases de anarquista,
su sensualidad perfeccionada de artista,
sus pechitos y sus dientes de porcelana.
Nos veo tumbados en la playa con desgana,
orgullosos de ese amor o esa conquista.
Pero veo detrás una ausencia muy larga,
una inmensa pena profundísima y amarga.

No quisiera escribir más, no quisiera...

Ahora veo a quien llamé "mujer obrera",
aquel extraño afecto de la Universidad,
veo a Yolanda con toda claridad,
nuestro cariño y nuestra indiferencia.
Veo su durísima sinceridad
y su recién descubierta concupiscencia.
Veo la tarde que rompimos nuestro amor
sentados en un banco del lago del Retiro.
Ahora la veo casada con un señor
y lloro por ella cada vez que la miro.

No quisiera escribir el poema trescientos,
me está poniendo triste por momentos.

Debo recordar a una camarada
no porque la quisiera, que no lo sé,
sino porque con su inocencia fue,
en aquella tarde inesperada,

la primera chica que exploré
con mi sexualidad atolondrada.
Como quien quita el corazón a una manzana
Mária ridiculizaba mi timidez
bajo la tenue luz de la ventana:
fue nuestra primera vez.
Luego me dijo cosas muy duras por escrito
en treinta y cinco cartas, dolor en grito,
pero no quiero olvidar lo que tuvo de bonito.

Y quiero recordar también a Lola,
ella sí que fue una amable compañera:
la aprecié por frágil y por sola,
y por hacerse la fuerte a su manera.
La aprecié por ella y por su hijo,
y por las sinceridades que me dijo.
Yo nunca le dije que la quería,
ni en las tardes calientes del verano
cuando después del trabajo la veía,
ni en aquellas de la buhardilla fría
llevándola a la cama de la mano.
Nunca lo dije y sí lo merecía:
porque me hizo descubrir lo hermoso de la vida
y aquella enternecedora soledad compartida.

No quisiera escribir el poema trescientos,
solo me trae tristezas y lamentos.

¡Cómo lamento las noches de Isabel
y todo aquel afecto desvanecido y roto!

La noche que me abrazaba encima de la moto
y yo no comprendía su amor ni mi papel;
la noche del espejo, bohemia y encantada,
cuando descubrí su intimidad dorada;
la noche de las Fallas de Valencia,
amistosa y cansada;
y luego la noche de la decadencia,
la tristísima noche del Grao de Castellón,
presintiendo en la cama, con impotencia,
la definitiva separación.

¡Qué poema más triste me está saliendo!

Me está saliendo tan desolado
porque estoy tristísimo y desesperanzado;
porque el último lamento de mi vida,
el llanto más profundísimo y partido,
es el de esta soledad despavorida
que me ha dejado mi amor cuando se ha ido.
Este amorcito fuerte y perfeccionado,
durante siete años compartido,
que me sacó de un pozo abandonado
y que me hizo optimista y divertido.

Este amorcito de nombre austero,
esta mujer madura y adolescente sana,
esta pizca a la que tanto quiero,
esta amorosísima rufiana,
que sin quererlo nadie me ha dejado soltero,
moribundo en esta villa provinciana.

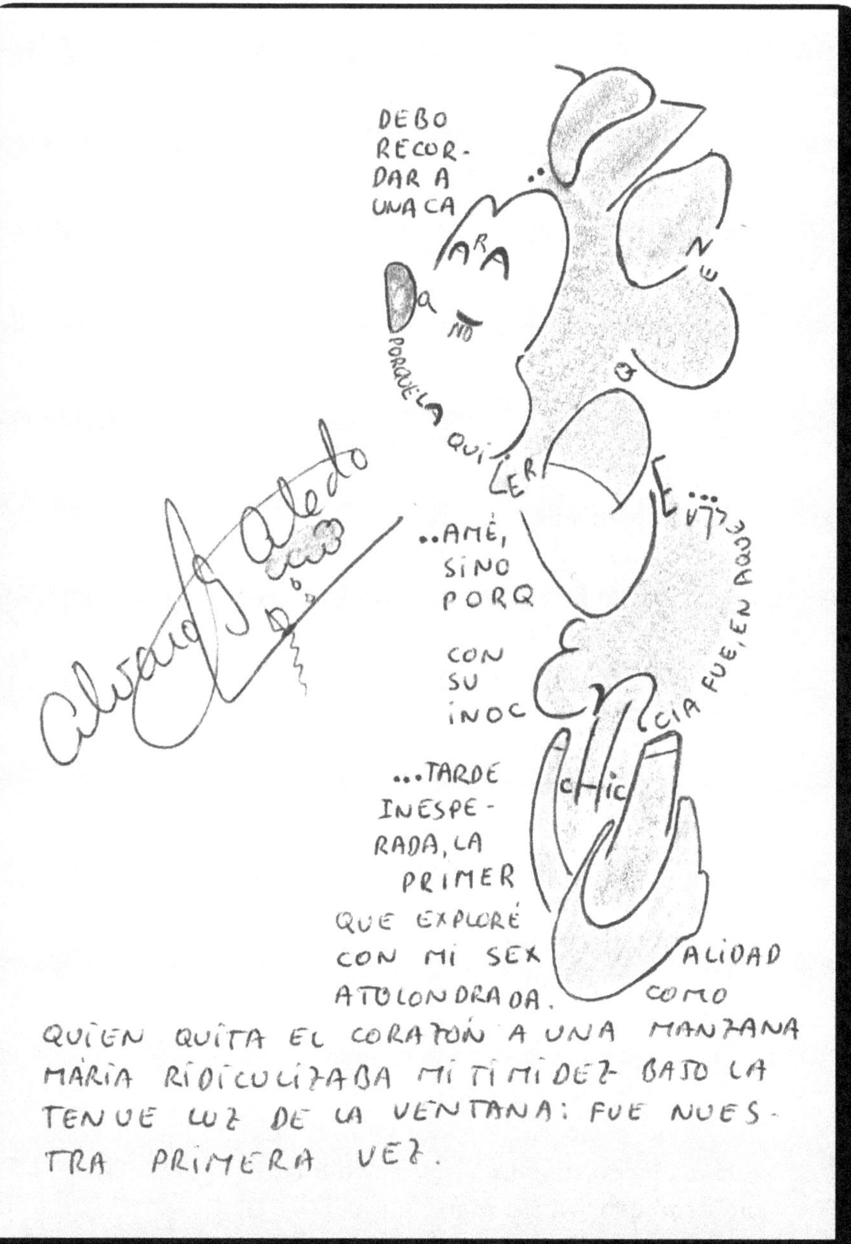
DEBO
RECOR-
DAR A
UNA CA
...AMÉ,
SINO
PORQ
CON
SU
INOC
...TARDE
INESPE-
RADA, LA
PRIMER
QUE EXPLORÉ
CON MI SEX
ALIDAD
ATOLONDRADA.
COMO
QUIEN QUITA EL CORAZÓN A UNA MANZANA
MARÍA RIDICULIZABA MI TIMIDEZ BAJO LA
TENUE LUZ DE LA VENTANA: FUE NUES-
TRA PRIMERA VEZ.

La niña de los muñecos

Vive escondida en un pequeño mundo
que valerosamente inventa ella,
indefensa mujer, que sin ser bella
tiene el secreto del querer profundo
a un muñeco quizás, pero es su estilo,
ese esquivar con su gallega boca,
ese jugar con su dominio. Toca
quedamente una triste partitura
que suena ingrávida, anastral, oscura,
y se prenda de mí
que estoy sentado en un rincón cercano.
Resurrecta mujer, frente al piano
no eres tú, ni eres yo, ni estás aquí:
estás sola allá en tu fantasía
arreglando la cuna a un animal,
quizá amando los ojos de cristal
cosidos brevemente en el peluche,
haciéndole en silencio, chssss!, que escuche
tus cuentos, inocente,
mientras pones un beso, que es tu siembra,
en su graciosa cara de cartón.
Si terminas de pronto la canción
vuelves a mí como de lejos, hembra,
como débil, o triste, o desamada.
Debo entonces dejarte en tu retiro:
me voy pensando en nada
dejándote tu acorde, tu boca y tu suspiro.
Hasta luego, muchacha. ¿Ves?, yo huyo,
no debo estar en ese mundo tuyo.

TOCA
QUEDA-
MENTE
UNA TRISTE... DE MI
PARTITURA QUE SUEN
INGRAVIDA
ANASTRAL, OSCURA, Y SE PRENDA...
RINCÓN CERCANO. RESU
QUE ESTOY SENTADO
EN UN
RRECTA
NI
ES
UJER, FRENTE AL PIANO NO ERES
NI ERES YO..
ES T
ALL
S SOLA A UN ANIMAL
EN TU FANTASÍA, ARRE
GLANDO LA CAMA

Porque quiero que seas feliz como mereces

He cogido un papel a la hora de la siesta.
Hay un sopor disperso que acerca a mí la almohada,
pero quiero apartar el sueño que molesta
y empezar a poner el nombre de mi amada.
Myriam,
que indefensa me diste la mano y la mejilla
porque yo me iba ya a mi país fascista,
voy a pensar en ti sentado en esta silla
y a escribirte una copla que no comprenderás.
Yo vuelvo a estar aquí jugando a ser artista,
triste pues para verte debo mirar atrás,
tú estarás ahora entrando en el colegio feo
detrás de dos fronteras y un lago: no te veo.
Déjame imaginar que hoy al mediodía
tú no estás estudiando sino pensando en mí,
que estás mirando sola la vieja foto mía
o poniéndole un beso igual que el que te di.
Ciertamente yo estoy pensando cómo eres
y mirando la foto que un día te pedí,
y ahora quiero creer que tú ya no me quieres
y sé que no es así.
Porque quiero que seas feliz como mereces
debes romper mis fotos y no quererme más,
debes perder las cartas que te escribía a veces:
debes volverte atrás.

MYRIAM,
QUE
INDE-
FENSA
ME DIS-
TE LA
MANO
Y LA
MEJILLA
PORQUE
YO ME IBA
E
RIBI
RTE
NA...
UE
...COPL
R
S. YO VUELVO
C
OM
PRE
ND
A ESTAR AQUÍ JUGANDO A SER
ARTISTA, TRISTE PUES PARA VERTE
DEBO MIRAR ATRÁS, TU ESTARÁS AHO
RA ENTRANDO EL EL COLEGIO FEO

Mira, la boca está caliente

Se detuvo un momento el infinito beso,
le cantaron los grillos al dios de la tortuga,
Susanna y yo caímos (amor, ¡fue tanto peso!)
y entre los dos un muro con alas puso fuga.

Se cayeron al mar nuestras constelaciones
para nadar unidas debajo de las olas,
nos quedamos los dos con nuestro amor a solas
y los grillos pusieron fin a sus oraciones.

Ya entonces por el fondo del corazón sentimos
como un presentimiento de dos cuerpos en uno,
ninguno de los dos habló, ¿sabéis?, ninguno...
y un solo cuerpo fuimos.

En mitad de la noche el beso se detuvo.
Las bocas aspiraron un aire compartido
y en la brisa del mar un pensamiento hubo:
"guarda, la bocca è calda" y el viento quedó herido.

Después besó mi cuello, mi boca, mi costado,
nadie pudo amar más su lengua interminable.
El amor es perenne, el tiempo fue marcado,
y los grillos siguieron su rezo interminable.

La noche tuvo sueño.

La vida tuvo sueño.

El amor tuvo sueño.

Y LOS GRILLOS PUSIERON FIN A SUS ORACIONES.
YA EN-TON-CES
POR EL FONDO DEL CORAZÓN SENTIMOS COMO UN PRESENTIMIENTO DE DOS CUERPOS EN UNO!
NINGUNO DE LOS 2…
…HABLÓ, ¿SABÉIS? NINGUNO, Y UN SOLO CUERPO FUIMOS. EN MITAD DE LA NOCHE EL BESO SE DETUVO.
LAS BOCAS SPIRARON UN AIRE COMPARTIDO…
Y EN LA BRISA DEL MAR Y PENSAMIENTO HUBO:
"GUARDA, LA BOCCA È CALDE"
VIENTO QUEDÓ HERIDO.
DESPUÉS BESÓ MI CUELLO, MI BOCA, MI COSTADO, NADIE PUDO AMAR MÁS SU LENGUA INTERMINABLE.

Te regalé un gato de chocolate

Te regalé un gato de chocolate
que se manchaba por el culito;
era un gato encrespado y pequeñito
encarcelado en celofán y feo,
como todos los gatos que yo veo.

Pero a ti, pequeña, te gustó,
tanto que cuando hablé yo
de liberar al gato cautivo
del celofán en el que estaba esclavo
y empezar a comerle por el rabo,
tú chillaste como si fuera vivo
y le pudiera doler.
¡Qué linda estabas, mujer!

Se quedó el gato sin comer
en el estante,
se quedó en el aire tu locura,
yo me quedé, lleno de ternura,
inmóvil un instante.

TE
REG
LÉ UN G
POR EL...
TO DE CHOCOL...
...CULITO. ERA UNG
TO ENCERRADO
PEQUEÑITO EN CARCEL
O VEO.
N Y FEO COMO TODOS LOS GATOS QUE

Fresón

Pegué un mordisco a un fresón
y mientras masticaba
te puse en el pezón
lo que quedaba.
¡Qué colorado!

Después hice lo mismo
para el pezón de al lado.

Después te miré atento
porque eras
un fresal descarnado, un cielo... lo que quieras,
y estaba tan contento,
tan orgulloso estaba
que una y otra vez miraba
lo que te había hecho
y estaba
satisfecho.

Ana bonita,
blanca y colorada,
cosita
enamorada.

DESPUÉS
TE MIRÉ
ATENTO POR-
QUE ERAS
UN FRESAL
DESCARNADO,
UN CIELO...
LO QUE QUIERAS,
Y ESTABA
TAN CONTENTO,
TAN ORGU-
LLOSO ESTA-
BA, QUE UNA Y
OTRA VEZ M
RABA LO
QUE...
..TE
NA BONI
A, BLANCA
Y COLORAD

Qué bien, tesoro mío, empezamos el año

Qué bien, tesoro mío, empezamos el año,
qué hermoso uno de enero. Qué fría madrugada
(fíjate que al lavarme el agua me ha hecho daño)
qué tranquila y qué linda y serena trasnochada,
y qué bonito luego sobre la cama helada
de nuestra habitación pequeña y empolvada,
acostados tan cerca del inclinado techo
abuhardillado
(húmedo por el agua que retiene el helecho
que crece entre las tejas, y frío por la escarcha
y porque antes de ayer, ¿recuerdas?, ha nevado)
pensando con nostalgia en el año que se marcha
hemos hecho, cariño, el amor sobre la marcha
sin prisas, dulcemente, mientras la noche mengua,
sin luz para explorarnos tan solo con la lengua,
con los presentimientos, con el tacto...
hasta encontrar por fin el sitio exacto
donde profundizar en la ternura.

Por lo hermoso que es hendir tu carne pura
y explicarte mi amor tan solo con el gesto
y con alguna que otra ocurrencia o locura,
por nuestro amor, nuestra amistad, nuestros proyectos,
nuestras conversaciones, fantasías, y el resto,
y sobre todo por los meses que se adivinan perfectos,
quiero brindar (sin ti, sin bebidas, ¡vaya apaño!)
por lo bien, amor mío, que empezamos el año.

QUÉ
FRÍA MA-
DRUGADA
(FÍJATE
QUE AL
LAVARME
EL AGUA
ME HA HECHO
DAÑO) QUÉ
TRANQUILA Y
QUÉ LINDA
Y SERENA
Y TRASNOCHADA,
QUÉ BONIT
SOBRE L
HEL
D
HABIT
DE NUES
TRA
…CIÓN PEQUEÑA
Y EMPOL
VADA, ACOS
TADOS TAN CERCA
DEL INCLINADO TECHO ABUHARDILLA-
DO, HÚMEDO POR EL AGUA QUE RETIE-
NE EL HELECHO QUE CRECE ENTRE
LAS TEJAS, Y FRÍO
POR LA
ESCAR-
CHA…

La camiseta del esquiador

Sé que no te ofenderá, linda amante,
que te bese parcamente la tetita
por detrás y delante del tirante
de la camisetita
que te vas a poner para dormir;

Escuetamente,
sin ninguna otra cosa de vestir.

Esa que yo te di, prudentemente,
morbosamente calculada,
nada ceñida, bastante holgada,
para que deje al aire tu pechito
en cada gesto, en cada pucherito,
en cada movimiento inesperado,
y la bese yo con aire atolondrado,
despacito.

Me gusta la camiseta del esquiador
sobre tu pecho, amor.

ESA QUE YO TE DI, PRUDENTEMENTE,
MORBOSAMENTE CALCULADA, NADA CEÑIDA,
BASTANTE HOLGADA, PARA QUE DEJE
AL AIRE TU PECHITO EN CADA
GESTO, EN CADA PUCHERITO, EN CADA
MOVIMIENTO INESPERADO
Y LE BESE YO CON AIRE A T CONDRADO,

DESPA-
CIT . ME GUS A CAMI-
ETA DEL
QUIADOR SOBRE TU PECHO, MOR

alvaro g. aledo

Eres un sueño de libertad nunca perdida

Eres un sueño de libertad nunca perdida,
un sol para alumbrar mi desvencijada casa,
eres la mejor sorpresa de mi vida:
esa que llega cuando nada pasa,
cuando ya nada esperas de la monotonía,
y arranca como un río, virgen y encabritado,
una triste sonrisa a la melancolía
de un hombre desolado.

Y todo por la noche que pasaste conmigo,
todo por una noche natural y sencilla...

Aún siento los besos con que me has marcado,
las palabras tiernas que pusiste en mi oído,
y las manos cálidas que me han querido
aún siento cómo reposan en mi costado;
y siento tu vientre negro y apretado,
y tu volcánico pecho estremecido,
y recuerdo las cosas que me has contado
y los sitios donde me has mordido.

En la noche de ayer te he conocido.

Quise hacerte la simplicísima reina del soñar,
o tal vez princesa de la locura,
pero solo fuiste pastora de tu dentadura
y llevaste a tus ovejas a abrevar,
y fue lo más bonito que he hecho en este año:
ayudarte a abrevar a tu rebaño.

Así que anoche me metí a pastor.

Y como nunca he sabido ahorrar amor
amé a cada una de tus ovejas,
que no son estériles, que no son viejas,
y las besé cada vez que sonreíste,
y cada vez que te distrajiste
les robé un poquitito de tu amor.

Así que anoche me metí a ladrón.

Y fui pastor, ladrón y loco
¡solo porque anoche me quisiste un poco!

Y LAS MANOS
CÁLIDAS
QUE ME
HAN QUE-
RIDO AUN SIE
NTO CÓMO REPOSAN EN MI COSTADO. Y TODO
SIENTO TU
ENTRE NE GRO Y
PRETADO, Y TU
LCA...
ME HAS CONTADO Y
ESTREMECIDO Y
Y RECUERDO LAS COSAS QUE ME HAS
CO PECHO
SITIOS
ME HAS MORDIDO
EN LA
NOCHE DE
AYER TE
HE CONO-
CIDO.
Alvaro G. aledo

Trece meses

Hace trece meses que no te veo,
cariñosa y lánguida mujer,
trece meses de trabajo y ajetreo,
trece meses de quererte ver
para hablar un ratito de paseo
en el atardecer,
como aquellos por cerca del museo
¡y no poderte ver!

Trece meses, más de un año, Isabel,
Trece meses, ¡vaya un año cruel!

Ya sé que no puedo pedirte nada
porque nada te di, dulce camarada.
Pero trece meses sin haberte visto
¡son mucho, Santo Cristo!

Quisiera haber andado junto a tus pies,
haber ido de tu mano por El Retiro,
haber visto el aliento de tu suspiro
en el aire frío de la tarde en calma,
y a la noche, después,
haber cenado calientes, alma,
y habernos despedido hasta otro mes.
Es poco, ya lo ves.

Incluso con menos me hubiera conformado:
con que me hubieras telefoneado
con una disculpa simple y corriente
(para arreglar la moto, para una lección,
para ese examen del día veinte,
para las molestias de una menstruación,
para las dudas sobre algún paciente...)
una disculpa para telefonear:
¿ves con qué poco me iba a conformar?

¡Cuánto quisiera
que alguna de aquellas interminables veladas
por las calles de Madrid, cencidas y heladas,
se repitiera!

Se repitiera
aunque solo por un poco de amistad
fuera.

NADA PORQUE NADA TE OÍ, DULCE CA...MARADA, PERO 13 MESES SIN HABER TE VIST
A SÉ
T
QUE NO PUEDO
C
N MUCHO, SANTO
RI
O.
QUISIER
AND
H
BER
DO JUNTO
TUS
PIES, HABER IDO DE TU MANO POR EL RETIRO, HABER VISTO EL ALIEN-TO DE TU SUSPIRO EN EL AIRE FRÍO DE LA TARDE EN CALMA, Y A LA NOCHE, DESPUÉS, HABER CENADO CALIENTES....

Yo amé a la vez a dos mujeres

Yo amé a la vez a dos mujeres.

Por una recorrí ciudades
largas temporadas solitario.
Por otra recorrí portales
con disculpas de proletario.

A una la amé de cerca
estando lejos,
a otra la amé de lejos
estando cerca.

Con las dos fui sincero.
Por las dos sentí amor:
por una un amor de flor
de primavera.
Por otra un amor de trigo
y sementera.

Y al llegar el invierno
vi cuál de los dos amores era eterno.
Vi cuál se marchitaba,
y cuál bajo la tierra germinaba.

Una vez
amé a dos mujeres a la vez.

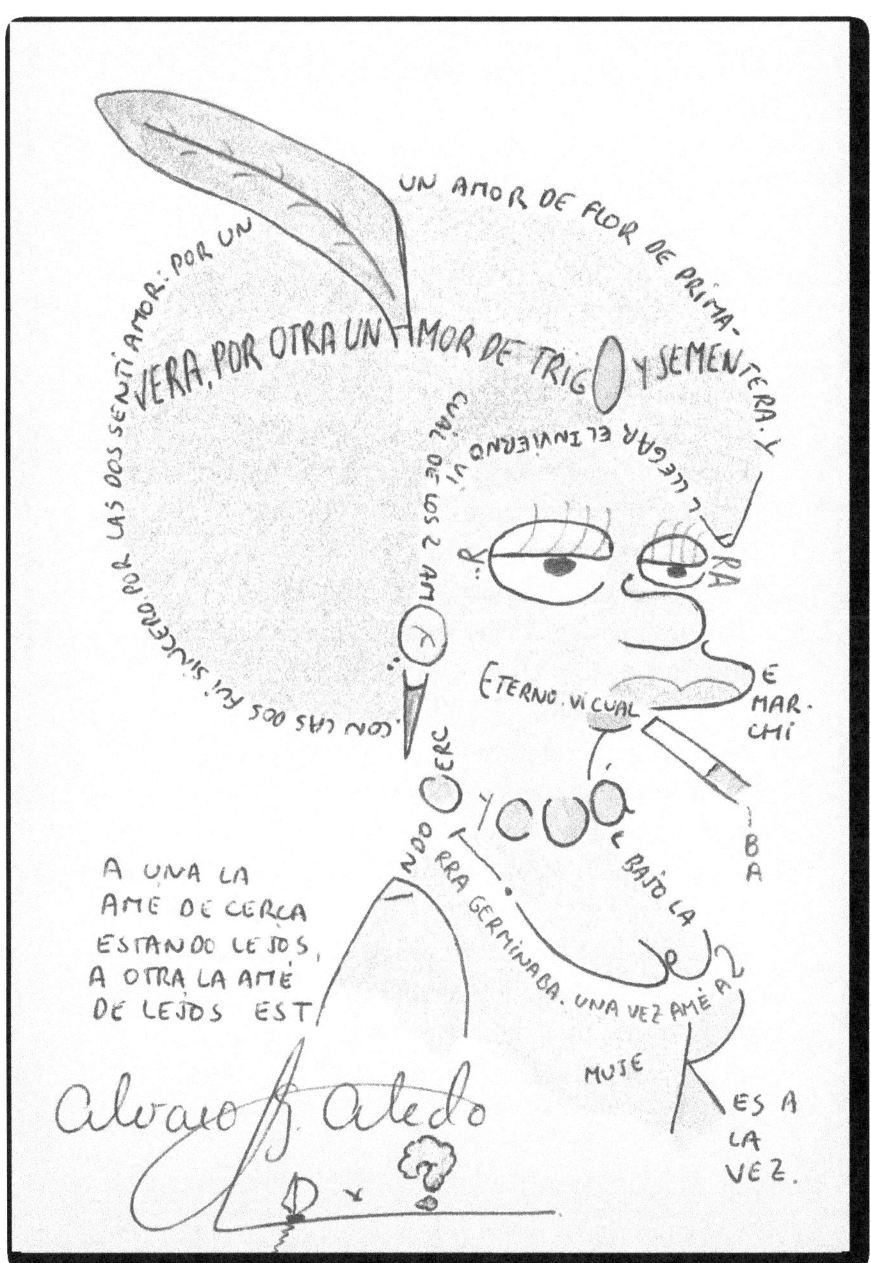
CON LAS DOS FUI SINCERO POR LAS DOS SENTÍ AMOR: POR UN
UN AMOR DE FLOR DE PRIMA-
VERA, POR OTRA UN AMOR DE TRIG Y SEMENTERA. Y
ETERNO. VI CUAL
E
MAR-
CHI
BA
BAJO LA
RRA GERMINABA. UNA VEZ AMÉ A
MUJE
ES A
LA
VEZ.
A UNA LA
AME DE CERCA
ESTANDO LEJOS,
A OTRA LA AME
DE LEJOS EST

No quiero que recuerdes de mí nada bonito

No quiero que recuerdes de mí nada bonito,
ni la primera noche ni las de lueguito,
ni los paseos dulces por el borde del lago,
ni los poemas tontos que a veces hago,
ni los rápidos encuentros del hospital;
acuérdate solo de lo que he hecho mal:

De que te hice creer que te quería un poco
por no poner en orden mi cabeza de loco;
de que te hice abrigar la vana ilusión
de abrirte un día lejano, tal vez, mi corazón,
y haberlo mantenido siempre en sombra y cerrado,
como una estalactita: muerto y helado.

No te acuerdes del día de aquella exposición
de una lejana guerra, en fotos y cartón;
acuérdate de cómo te desgarré el corazón
en una noche fría del Grao de Castellón.

No me recuerdes nunca vestido con la bata
y con el fonendoscopio de santón,
que así quizás un día metas la pata
y te acuerdes de mí con ilusión.

Recuérdame desnudo, cruel y distante,
acostado a tu lado sin amor,
recuérdame egoísta, duro, farsante,
recuérdame así de ahora en adelante,
por favor.

Borra de tu memoria las tardes esas
que parecíamos dos enamorados,
que íbamos por la calle felices, encantados,
que ocupábamos la última de las mesas
del café
para estar más solos, más aislados,
y hablarnos con dulzura no sé de qué.

Pero graba con hierro las madrugadas
de las últimas noches que juntos estuvimos,
nunca olvides las cosas que entonces nos dijimos
o el silencio espeso que dejábamos pesar,
y aquel distanciamiento que había entre los dos
¡nunca lo olvides, por Dios!

Niña, flor, pequeña estrella,
¡nunca me perdones lo que hice con ella!
Y si aún aprecias algo del hombre aquél,
olvídalo, Isabel.

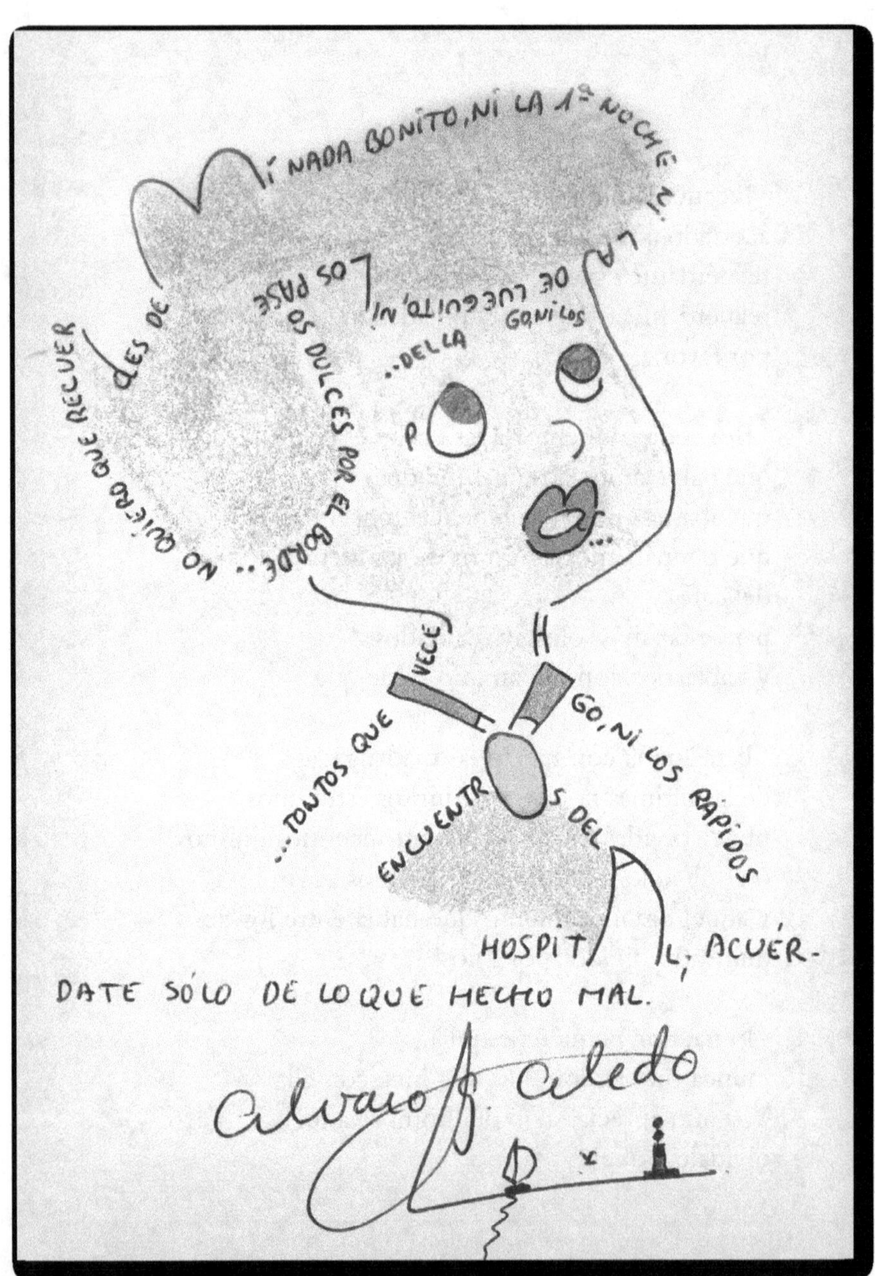
NO QUIERO QUE RECUERDES DE
MÍ NADA BONITO, NÍ LA 1ª NOCHE NÍ LA
DE LUEGUITO, NÍ
LOS PASE
LOS PASEOS DULCES POR EL BORDE...
...DELLA
GANILOS
...TONTOS QUE
VECES
H
GO, NI LOS RAPIDOS
ENCUENTR S DEL
HOSPIT L, ACUÉR-
DATE SÓLO DE LO QUE HECHO MAL.
alvaro G. aledo

Te quiero, Pilar, aunque no serás mi suegra

Te quiero, Pilar, aunque no serás mi suegra
jamás.
Te quiero por el cariño que me das,
por tu valor frente a tu suerte negra,
por el orgullo anticuado con que vas
frunciendo el ceño cuando mi amor se alegra.

¡Y todo por quererla, en vez de por esposa,
por compañera!
Por preferir la libertad de la mar poderosa
a la calma aburrida de la pecera,
por querer más a tu hija libre y sincera
que anodina, supeditada y sosa.

No te pedí su mano, porque no era tuya,
no la llevé al juzgado ni a la vicaría:
nuestro amor no precisa que nadie le instituya.
Mas la llevé al universo de la fantasía,
al del amor desinhibido y loco
donde echamos raíces poco a poco.

La preferí compañera que señora;
no lo dudé entonces ni me arrepiento ahora:
aunque pasen cien años por nuestro amor soltero
nunca la querré menos de lo que hoy la quiero.

Por eso Pilar, suegra impenitente,
alégrate de tener una hija diferente,
más feliz, más libre, más amada,
más tranquila: más afortunada.

Te quiero, Pilar, aunque no seas mi suegra.
Quiero verte feliz bajo tu ropa negra.

BURRIDA DE LA PECERA, POR QUERER MAS A TU HIJA LIBRE Y SINCERA
LA CALMA
PEDÍ
MANO
PORQUE NO ERA
¡Y TODO POR
QUERERLA
EN VEZ DE POR
ESPOSA, POR
COMPAÑERA!.
POR PRE-
FERIR LA
LIBERTAD
DE LA MAR PODEROSA
LLEVÉ AL JUZGADO NI LA
VICARÍA: NUESTRO AMOR NO PRECISA QUE
NADIE LE INSTITUYA. MAS LA LLEVÉ AL
UNIVERSO
DE LA
FANTASÍA....
Alvaro Caledo

Vuelvo a estar solo, sin su concupiscencia

Vuelvo a estar solo, sin su concupiscencia,
vuelvo a tener que armarme de paciencia.

Vuelve a estar en la cama vacío su rincón,
vuelve a estar la casa fría y revuelta,
vuelvo a tener que armarme de ilusión:
vuelvo a tener que confiar en su vuelta.

Vuelvo a ser un penoso funcionario
esclavo de sus cosas y de su horario.

Vuelvo a los niños de cada día,
¡qué absurdo si me falta la niña mía!

Anoche se me fue como un relámpago,
me ha dejado un vacío profundo y largo.

Profundo y largo como un abismo,
la vida sin ella no será lo mismo.

Anoche al irse se extinguió la luna,
se apagaron las estrellas una por una.

Salí de la estación y Santander oscura:
a Madrid se ha ido la luz más pura.

Intentaré sobrevivir hasta que regrese,
me agarraré al clavo ardiendo ese.

Y ojalá que me encuentre con vida todavía:
hoy brindaré solo por ese día.

Adiós, amor, vuelve pronto a mi lado,
vuelve a encontrarme loco y enamorado.

Aquí estaré siempre pensando en ti,
viviendo del último beso que te di.

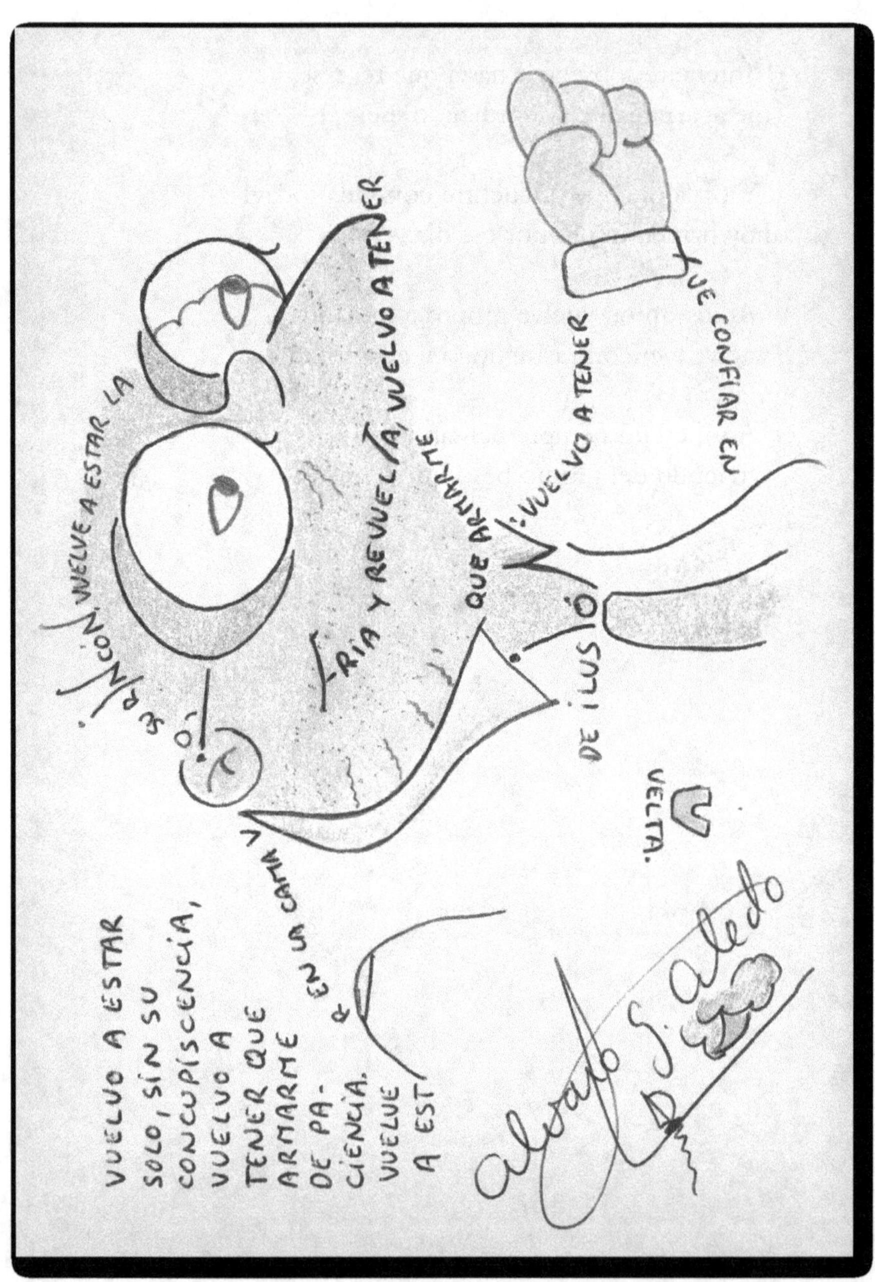
VUELVO A ESTAR
SOLO, SÍN SU
CONCUPÍSCENCÍA,
VUELVO A
TENER QUE
ARMARME
DE PA-
CÍENCÍA.
VUELVE
A EST
R EN LA CAMA V
O, SU RÍNCÓN, VUELVE A ESTAR LA
FRÍA Y REVUELTA, VUELVO A TENER
QUE ARMARME
DE ÍLUSÍÓN: VUELVO A TENER
QUE CONFÍAR EN
VELTA.
alvaro G. aledo

Un escueto nombre humano y divino

Un escueto nombre, humano y divino,
fue lo que definió la madrugada,
aquella sorprendente inocentada,
aquel alud de amor que se nos vino.

Hoy quería ser feliz un ratito
recordando detalles de la alborada,
y se me ha ido la tarde, lenta y dorada,
escribiendo tu nombre bonito
un montón de veces, loco morabito!
Y he hecho un hormiguero
de inmaculadas hormigas pendencieras
que me acechan desde el borde del folio como fieras
para ver si les digo que te quiero.
¡Si las vieras!

Si las vieras tú también comprenderías
qué bonito fue ser guardián del hormiguero
aquella noche de amor y tonterías,
la misma en que te dije que te quiero.
Tú y yo sobre una nube del Sardinero,
debajo Santander entumecida, muerta,
la única vida de la noche detrás de nuestra puerta,
tú y yo los únicos vivos del hormiguero.

¡Qué hermoso recordar nuestra antigua inocencia
y decir lo que callamos de pequeños!

¡Y qué demencia
permitirnos las locuras de nuestros sueños
y descubrir tu atolondrada concupiscencia!

Tu atolondrada concupiscencia me desarmó:
eso es lo más bonito que recuerdo yo.
Y aquel exceso de ternura, aquel derroche,
es lo que hará inmortal aquella noche.

¡Y QUÉ DEMENCIA PERMITIRNOS LAS LOCURAS DE NU
STR
Y DESCU-
BRIR TU...
SUEÑOS
...CALLADOS DE PEQUEÑOS!
¡QUÉ HERMOSO
RECORDAR
NUESTRA ANTI-
GUA INOCEN-
CIA Y DECIR
LO QUE...
NORADA
CONCU-
PISCEN-
CIA.
T
ATOLON-
DRADA CON-
CUPIS-
CENCIA
S
R
ME D
T
, ESO ES
LO MÁS BONITO QUE RECUERDO YO.
Y AQUEL EXCESO DE TERNURA, AQUEL DERRO-
CHE, ES LO
QUE HARÁ
INMORTAL
AQUELLA
NOCHE.
alvaro g. aledo

No pudiendo disfrutar de ti

No pudiendo disfrutar de ti, de tu preciosismo, en monopolio
esta tarde hemos prescindido de tus arrebatos y tus picardías
y nos hemos sentado yo, mi soledad, mis recuerdos y mis manías,
para intentar traerte a la blanca desnudez de este folio
desde la lejana reunión familiar de cumplidos y fruslerías.

Confieso que nos hubiera gustado recibir tu ansiada llamada
antes de acostarnos solos en la cama que preparamos para ti
(la almohada más mullida, la manta más cuidada,
las sábanas más limpias y planchadas escogí)
pero nos conformamos con el olor que te dejaste prendido por aquí.

Anoche fue. Anoche estaba triste y desolado en casa
cuando vino como un aire fresco tu anarquía,
como una melodiosa canción tu calculada osadía,
y tu dulzura luminosa, y tu premeditación escasa
como un rayo de esperanza para la decrepitud mía.

Me encanta recibirte boquiabierto
como la inesperada sorpresa de un cumpleaños olvidado,
estar juntos lo que duran los interminables recuerdos del pasado,
dejar sin respuesta las interrogaciones del futuro incierto
y llenar con tu ternura las paredes de mi piso desierto.

Cuando luego te me vas por la mañana,
casi siempre para encontrar a tu amor al final de un largo viaje,
se quedan estrechos los límites de esta ciudad provinciana
para que en ella quepan toda mi nostalgia y mi desgana,
y desde los rincones me espía un muerto vestido con mis gafas y con mi traje.

Te has ido. ¿Qué puedo decirte que no sepas, Inmita?
Vuelve pronto con tu sensualidad fértil y sibarita.

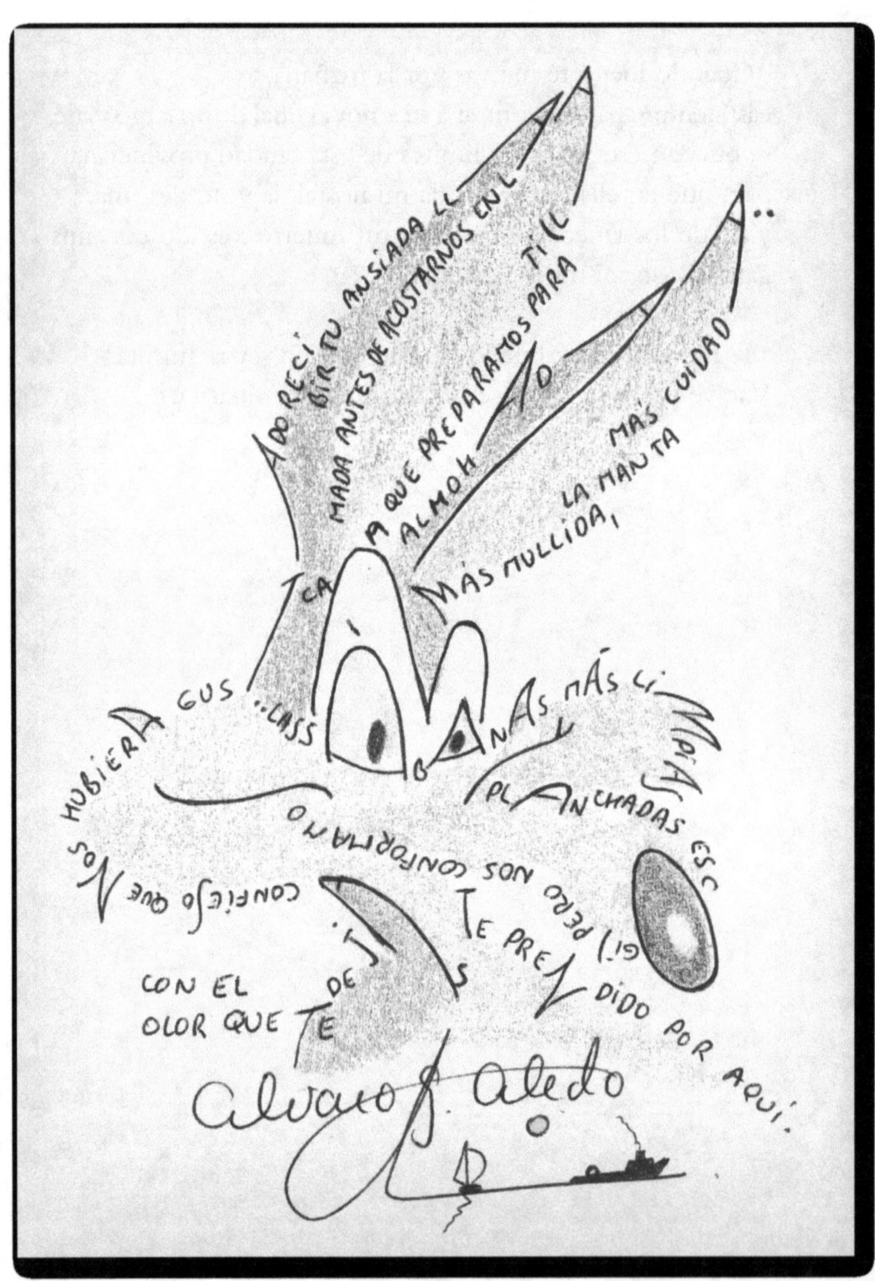
BIR TU ANSIADA LL
MADA ANTES DE ACOSTARNOS EN L
A QUE PREPARAMOS PARA
ALMOH
MÁS CUIDAD
LA MANTA
MÁS MULLIDA,
NOS HUBIERA
GUS
PLANCHADAS
CONFIESO QUE
NOS CONFORMAMOS
PERO SON
TE PRE
DIDO POR AQUÍ.
CON EL
OLOR QUE TE
DE
Alvaro G. Aledo

Recuérdame siempre

Recuérdame siempre, Inmaculada,
como el niño de tu infancia dorada,
pero también como el hombre, algo inseguro,
que en el claroscuro
de una noche provinciana te amó:
escueta y tiernamente,
como te recuerdo yo
constantemente.

Recuérdame criticón y farolero,
barbilampiño, inseguro con el clero,
con paraguas y una odiosa gabardina,
pero recuérdame también severo,
barbudo, pacifista, obrero,
como me viste esa noche femenina,
la única que te dije que te quiero.

Recuerda nuestros domingos provincianos,
aquellos de guateque y catecismo,
de avergonzarnos de cogernos las manos,
de querernos decir siempre lo mismo:
frases de amor y sentimientos sanos,
afectos inseguros, ¡es lo mismo!,
y condenarlos al fariseísmo
por lo que pensarían los Hermanos.
Nunca olvides nuestra infancia en el franquismo.

Pero recuerda la relación madura
que en el último mes
de aquel año nefasto y descortés
resucitó nuestro amor con gran ternura.
¡Cómo nos reímos de aquel futuro cura
y de aquella pedante catequista!
¡Qué linda relación, sin amargura,
sin equivocados aires de conquista!
Recuérdala siempre clara, pura,
querida pacifista.

Recuerda cuando ayudábamos en misa
y tu interpretación de las Lecturas:
aquellas racionalizaciones prematuras
que ahora producen desolación o risa;
aquella nerviosidad, aquella prisa
por terminar el acto religioso;
la mediocridad de aquel régimen soso;
aquel primer pitillo,
y aquel cursi vestido de monaguillo.

Pero recuérdame también desnudo,
algo nervioso, juguetón y huesudo,
como me viste esa noche alucinante;
recuérdame temblando de amor y de sofoco,
algo torpe y algo vacilante;
recuérdame desinhibido y loco
explorando tu lindo cuerpo, amante;
recuérdame acostado a tu lado tan campante

abriéndote mi corazón poco a poco;
recuerda esa noche instante por instante;
recuérdame así de ahora en adelante.

Recuerda al niño de tu infancia provinciana,
y al hombre que te hizo feliz una mañana.

Recuerda a aquel otro, y a mí,
y aquel último beso que te di.

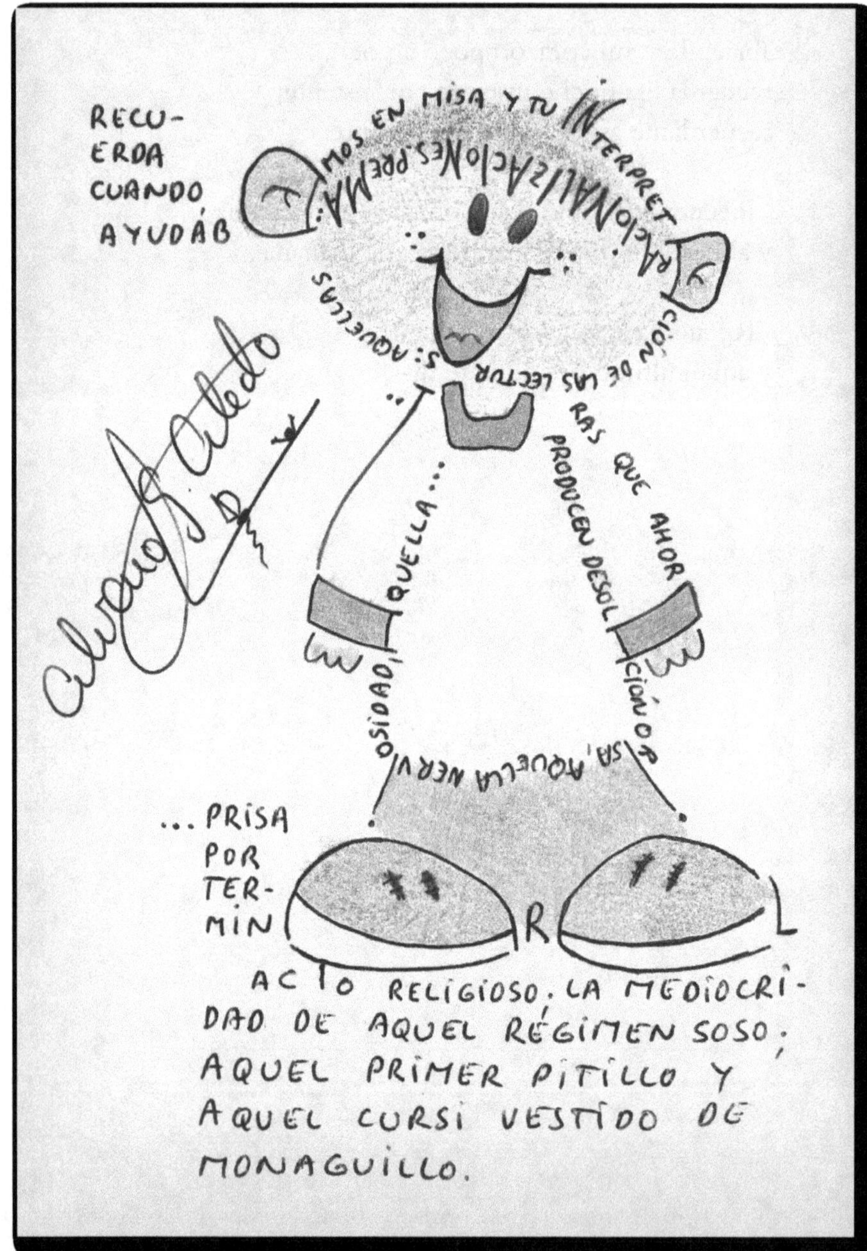
RECU-
ERDA
CUANDO
AYUDÁB
MOS EN MISA Y TU INTERPRET
ACIÓN DE LAS LECTURAS
RAS QUE AHOR
PRODUCEN DESOL
CIÓN O P
SA, AQUELLA NERV
OSIDAD,
QUELLA...
S: AQUELLAS
...PRISA
POR
TER-
MIN
ACTO RELIGIOSO. LA MEDIOCRI-
DAD DE AQUEL RÉGIMEN SOSO;
AQUEL PRIMER PITILLO Y
AQUEL CURSI VESTIDO DE
MONAGUILLO.

Sí, es posible que anoche fuera nuestra última vez

Sí, es posible que anoche fuera nuestra última vez,
la última que te sintiera resucitada y diva
la última que descubriera tu hambre primitiva,
la última que me devolviera a la niñez
entre labios y dientes de tu boca esquiva.
La última que te dijera las palabras tiernas
y las ideas limpias que desbordan mi boca
cuando siento en mi sexo el calor de tus piernas
y en mi alma el encanto de tu cabeza loca.

Como todas las últimas la noche fue algo triste.
Algo triste fue el modo en que me contaste
los sórdidos detalles de cuando te separaste;
cosas que al recordarlas parecen un chiste:
cartas impersonales, rencores, formalidades,
juicios, y sobre todo las mediocridades
que desmitificaron al hombre que quisiste.
Triste fue casi todo lo que me dijiste.

Y algo triste también, con leve pesimismo,
cuando al hablar de la próxima vez que me vinieras
comentaste que nunca volvería a ser lo mismo
y que ya no me harían falta tus caricias solteras,
ni tus palabras dulces, ni tus caderas.

Quizás es el momento de que seamos más sinceros.
Anoche te he querido como nunca, Inmita,
porque amé juntamente tus recuerdos quinceañeros,
la sensualidad de tu cuerpo maduro y sibarita,
la amargura de esos años grises y pordioseros
y tu futuro incierto, combatiente y cosmopolita.

Yo no sé si volveré a amar a otras mujeres,
si volveré a tener historias delicadas y fugaces,
años de soledad con islitas de placeres,
o si otra mujer me hará las cosas que tu me haces.
No sé si mi compañera llenará toda mi vida,
no sé lo que un hijo me desordenará en el pecho,
si conseguiremos la enternecedora soledad compartida,
ni de lo que quiero hacer, cuánto habré hecho.

Ya lo ves: no sé el final de lo que empiezo ahora.
Pero sí sé que siempre esperaré la hora
en que aparezcas por sorpresa la tarde de algún viernes
como salida de tus fotografías,
me mires, me sonrías
y como ayer me beses y me desencuadernes.

COMO TODAS LAS ULTIMAS, LA NOCHE
FUE ALGO TRISTE. ALGO TRISTE FUE EL
MODO EN QUE ME CONTASTE LOS SÓR-
DI-
DOS
DE-
TA-
LLES
DE
UNDO TE SEPARA
E: CO
S
UE AL RECORDARLAS
JUICIOS
S'S
O
PARECEN UN CHISTE: CAR
SIMPERSONALE
LID
RENC
RES, FORM
Y SOBRE TODO LAS
MEDIOCRIDADES QUE
DESMITIFICARON AL
HOMBRE QUE QUI-
SISTE.

Esta soledad que me hace imaginar tonterías

Esta soledad que me hace imaginar tonterías,
romances inexistentes, muertes, postrimerías,
abrazos insensatos y otras majaderías,
es la vieja compañera de aquellos días
en que lloraba la ausencia de Susanna,
que ahora viene a hacerme llorar por Ana.

¡Qué celosa y cargante compañera,
triste como una larga enfermedad,
inevitable como la muerte!
Cuando casi había olvidado cómo era
viene otra vez buscando mi amistad,
viene otra vez a ennegrecer mi suerte.

Yo ya no te quiero, soledad,
como te quise en mi adolescencia
cuando inspiraba a mi pluma tu presencia,
ni como, con mayor edad,
cuando utilizaba tu amistad callada
para explicar mi vaciedad y mi nada.

Hoy no quiero ser el solitario
a quien sedujiste tú por inexperto,
ni quiero que me vengas a diario
a recordar el porvenir incierto.
Vete, vete lejos mala consejera,
no quiero verte más hasta que muera.

Y si reapareces con tu angustia vana
me ayudará a alejarte, óyelo bien, Ana.

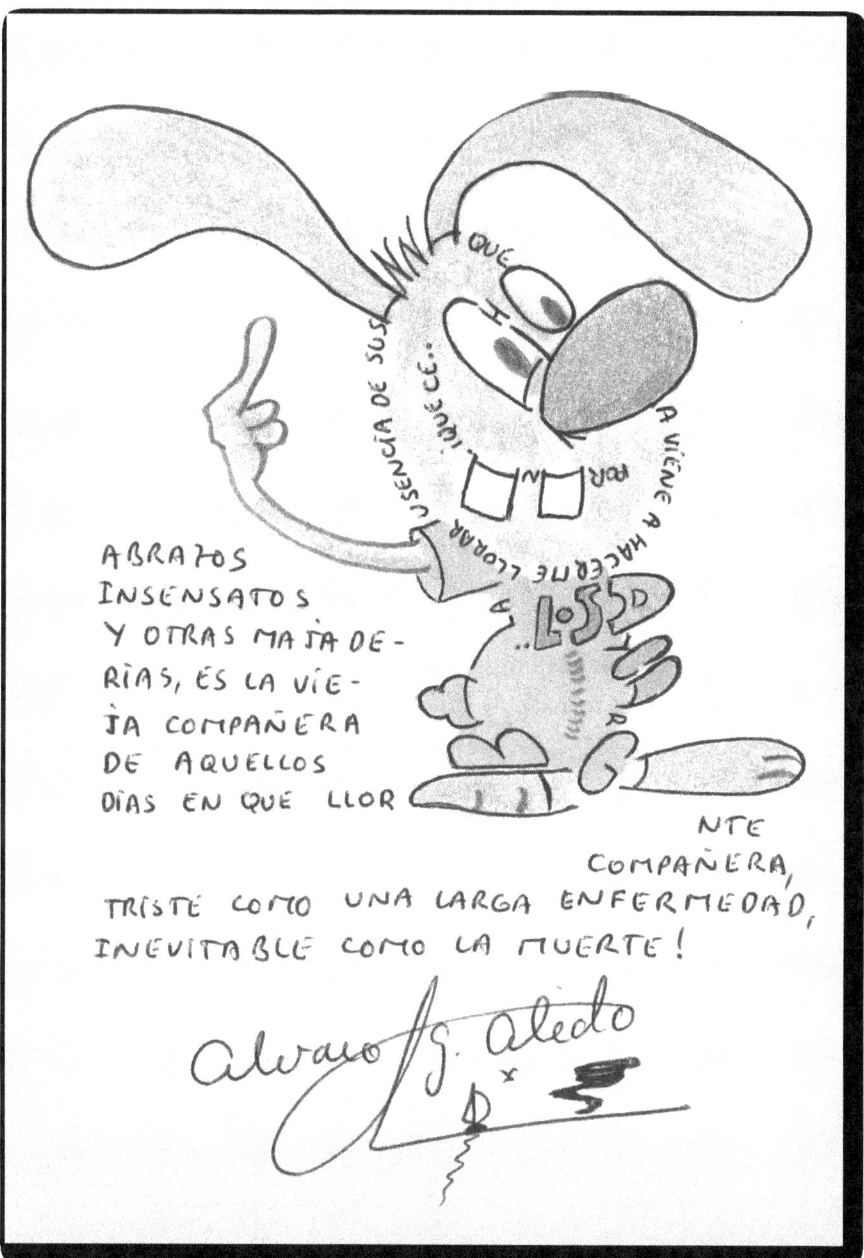
QUE
USENCIA DE SUS
¡QUE CE..
A VIENE A HACERME LLORAR
ABRAZOS
INSENSATOS
Y OTRAS MAJADE-
RÍAS, ES LA VIE-
JA COMPAÑERA
DE AQUELLOS
DÍAS EN QUE LLOR
NTE
COMPAÑERA,
TRISTE COMO UNA LARGA ENFERMEDAD,
INEVITABLE COMO LA MUERTE!
alvaro G. aledo

Estábamos en la cama tres

Estábamos en la cama tres:
mi enamorada, yo, y un tercero
que nos hacía cosquillas en los pies.
Era como un diligentísimo cartero
que traía los recuerdos del ayer:
los de la niña que era esta mujer,
y los de aquel excéntrico samaritano
que la dejó sola al principio de un verano.

Cuando el sueño empezaba a ponerse duro,
y el aire empezaba a ponerse espeso,
y se perdía el aroma del penúltimo beso
(el beso cariñoso de después del placer),
cuando mi mente enfilaba el sendero oscuro
y mi cuerpo relajado la quería envolver,
casi dormido, la llamé por el nombre de otra mujer.

Y a pesar de eso me envolvió con su arrullo,
y apretó muy fuerte mi cuerpo contra el suyo.

ES
TA
BA
MOS
EN LA CAM
LOS PIES.
TRES: MI ENAMOR
, YO, Y UN
TERCE
QUE NOS
HACÍA
...COMO UN DILIGENTISIM
CARTERO
QUE
TRAÍA LOS
RECUERDOS
DEL AYER:
LOS DE LA NI-
ÑA QUE ERA
ESTA MUJER,
Y LOS DE AQUEL
EXCÉNTRICO
SAMARITANO
QUE LA DEJÓ
SOLA AL PRIN-
CIPIO DE UN
VERANO.

Los Reyes de Oriente me traen un hijo

Los Reyes de Oriente me traen un hijo
pequeñín, cariñoso, despistador e inaudito;
ahora es como un nervioso pececito
con una cola de renacuajo
que cosquillea el vientre cálido y chiquito
de la mujer que amé con tierno desparpajo;
mañana vendrá, rosado y calentito,
a abrazar a sus padres sin trabajo.

Nieva sobre la ciudad
y se está poniendo blanca la terraza,
todo es alrededor alegría y paz
menos la ausencia de Ana, que atenaza.
Ya no añoro sólo su sensualidad lozana:
ahora también nuestro fetito en ciernes;
debo hacerme el valiente otra larga semana
hasta que me vengan los dos el viernes.

Es hermoso enfrentarse a la vida en trío.
Llevaré esta idea optimista en la cabeza
para combatir mi endémica tristeza,
mi desesperación y mi vacío.
Seguiré buscando remedio contra la desgana
en los recuerdos de mi amante, linda y lejana,
y aprendiendo a querer al fetito inquieto
que cobija en su vientre templado, escueto.

Hasta el otoño en que, como se predijo,
estarán aquí mi compañera y mi hijo.

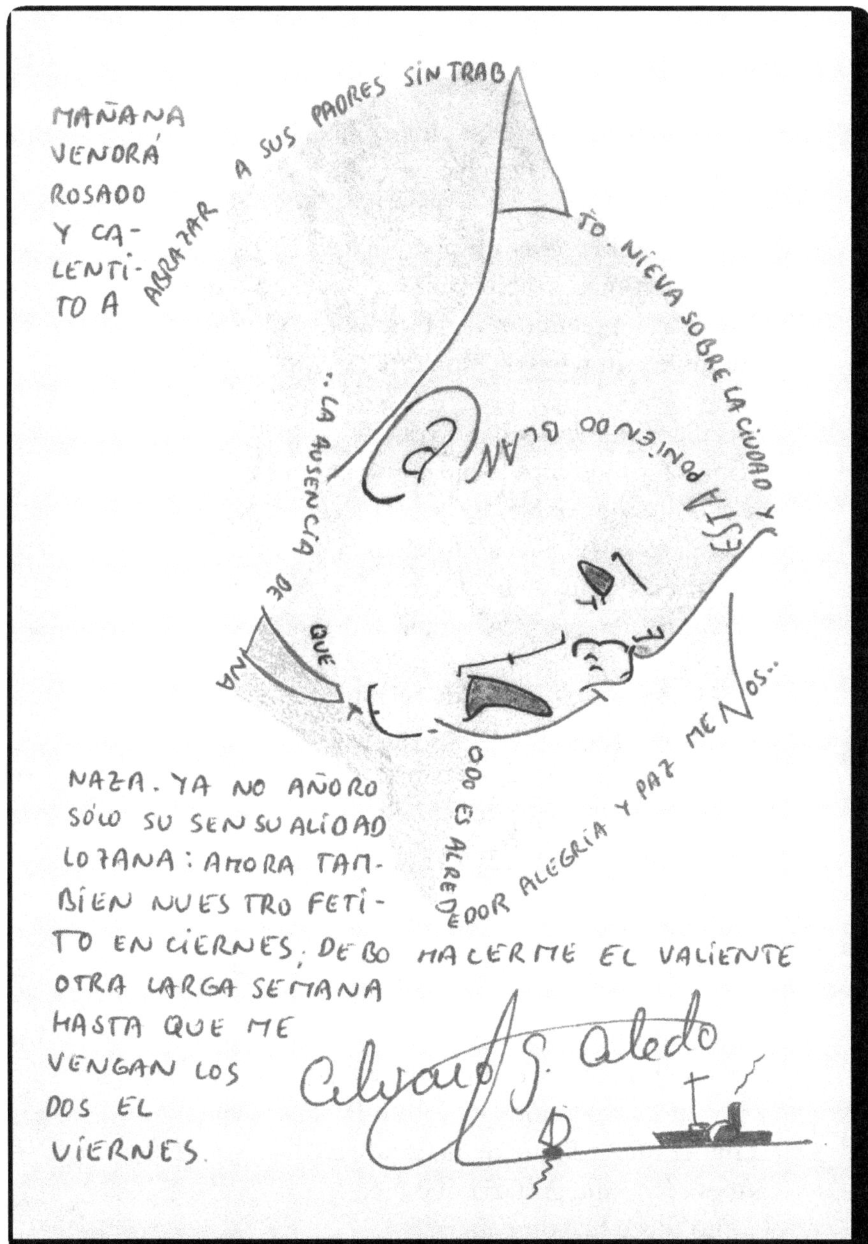
MAÑANA
VENDRÁ
ROSADO
Y CA-
LENTI-
TO A
ABRAZAR A SUS PADRES SIN TRAB
TO. NIEVA SOBRE LA CIUDAD Y
ESTÁ PONIENDO BLANCO
ES ALREDEDOR ALEGRÍA Y PAZ MENOS...
.. LA AUSENCIA DE QUE NA
NAZA. YA NO AÑORO
SÓLO SU SENSUALIDAD
LOZANA: AHORA TAM-
BIÉN NUESTRO FETI-
TO EN CIERNES; DEBO HACERME EL VALIENTE
OTRA LARGA SEMANA
HASTA QUE ME
VENGAN LOS
DOS EL
VIERNES.

¿Sabes, compañera…

… cómo me gustaría que fuera Pablo?
Serio, consecuente, sencillo,
un poco santo y un poco diablo,
un poco quijotesco y un poco pillo,
un poco irónico y lapidario,
muy sano y preguntón de chiquillo
y de mayor muy revolucionario.

Pacífico, inquieto y deportista
cuando los músculos le pidan movimiento;
inseguro y vulnerable durante el crecimiento;
y de mayor justo, luchador, pacifista,
regular profesional y buen artista,
y siempre, siempre, inasequible al desaliento.

Amante hasta el delirio de las mujeres
con glamour, como las amo yo,
pero con un poco más de acierto
del que a mí me acompañó.
Que no desaproveche nunca sus placeres
ni la concupiscencia de sus piernas,
pero que sepa amarlas con palabras tiernas
y besarlas con besos como el que le engendró.

Y cuando al fin nos deje
con nuestra enternecedora soledad compartida,
y por su nuevo amor y su futuro Pablo se aleje…
la mujer que le saque de nuestra vida
¿sabes cómo me gustaría que fuera?
Como fuiste tú, compañera.

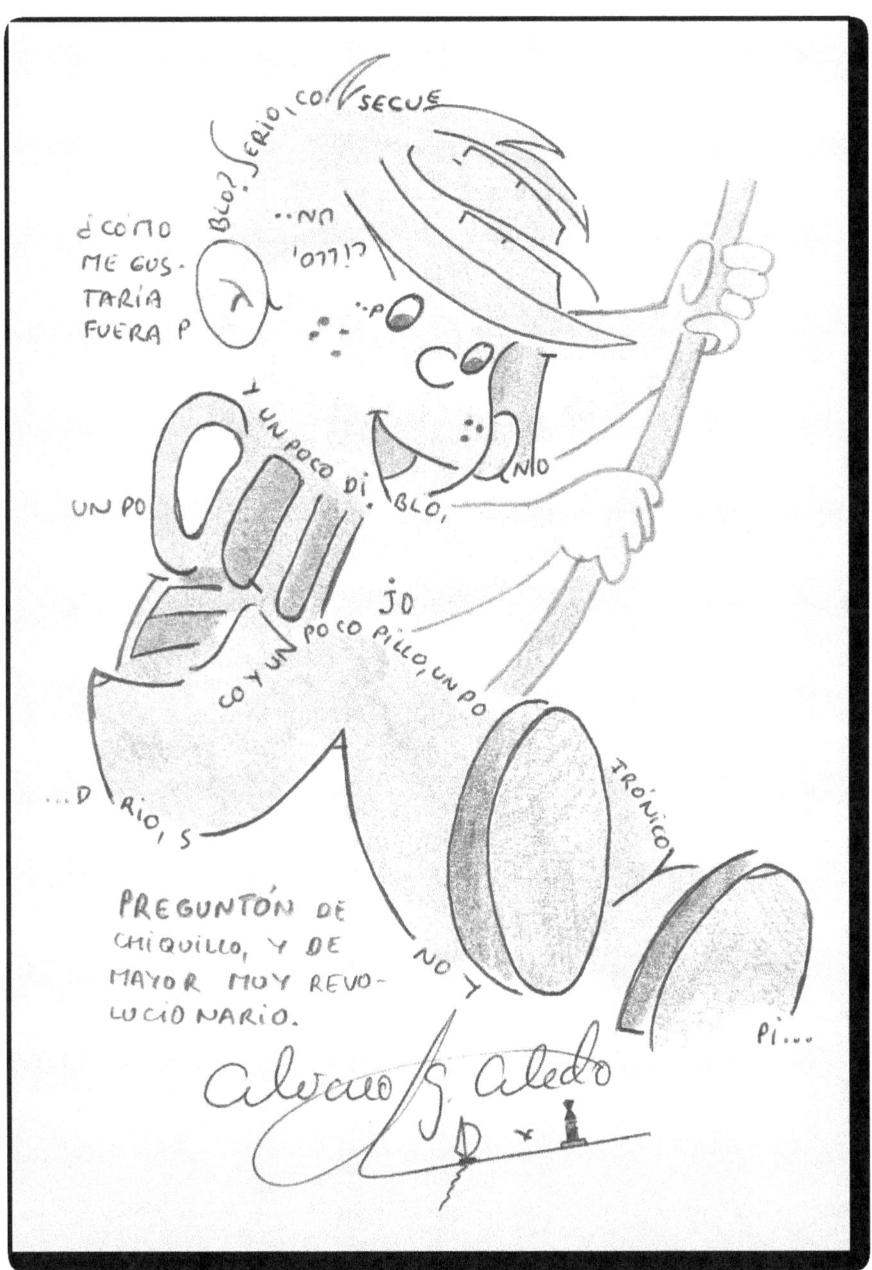
PREGUNTÓN DE CHIQUILLO, Y DE MAYOR MUY REVOLUCIONARIO.

Lo que más me gusta de esta ciudad gazmoña

Lo que más me gusta de esta ciudad gazmoña,
provinciana, presumida y hortera,
donde sentí tu ausencia helada, cruel y duradera,
es que en ella nacerá el hijo que retoña
en tu regazo fértil, compañera.

Y ahora, recientemente,
olvidados estos años infinitos de espera,
amo también a esta ciudad decadente
por el futuro tranquilo que en ella nos espera,
y por el amanecer del vientre incandescente
donde Pablo se mueve y vocifera.

Porque en ella será algo niño y algo pez,
y algo pájaro durante su niñez.

Y porque en ella crecerá sano y travieso:
si amo a esta ciudad beata, es por eso.

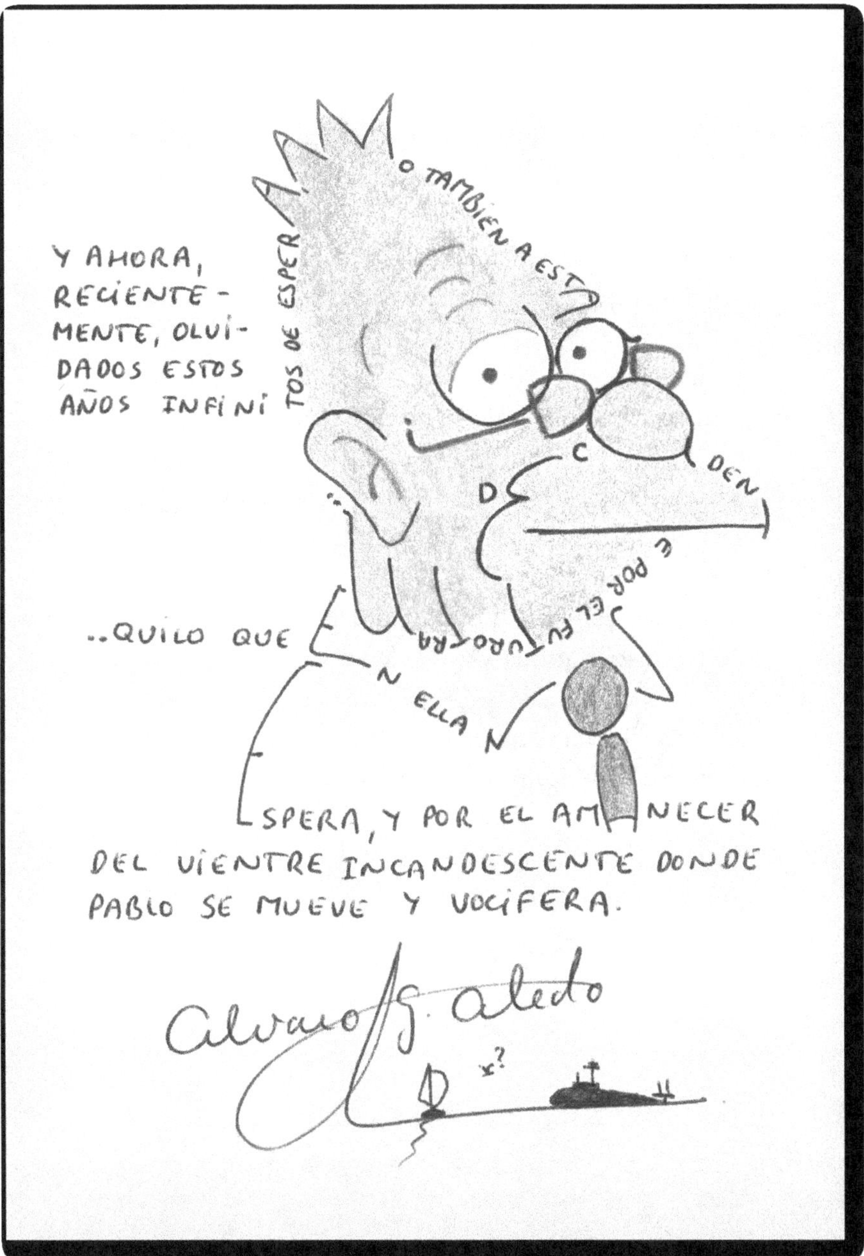
O TAMBIÉN A ESTA
Y AHORA,
RECIENTE-
MENTE, OLVI-
DADOS ESTOS
AÑOS INFINI
TOS DE ESPER
C
DEN
D
E POR EL FUTURO-RA
..QUILO QUE
N
ELLA
N
SPERA, Y POR EL AM
NECER
DEL VIENTRE INCANDESCENTE DONDE
PABLO SE MUEVE Y VOCIFERA.
alvaro g. aledo

Te amo vestida

Te amo vestida; eres como una estatua;
tu cuerpo se espiga con la ropa fatua.

Te amo desnuda; piel, formas, tersura;
resucitas al quedarte sin ropa, criatura.

Te amaría mudo; expresarte mi afecto con el tacto;
alguna caricia torpe, algún beso inexacto.

Te amaría sordo; ignorar la palabra, la frase;
leer siempre en tus labios, pase lo que pase.

Te amaría demente; no entender nada;
solo tu imagen nítida y congelada.

Te amo simple, como soy;
debajo de la frente por donde voy.

Te amo; sobra todo lo demás;
promete que algún otro viernes volverás.

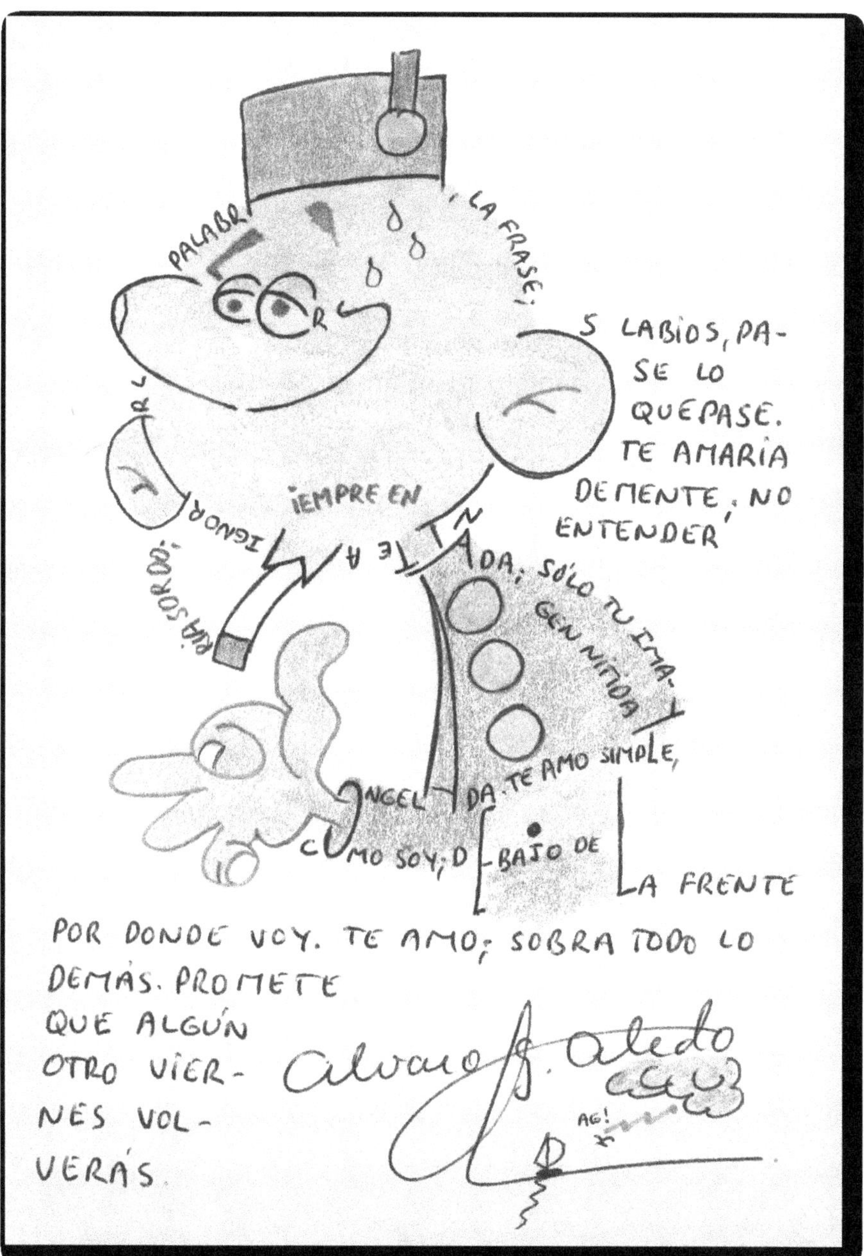
PALABR
, LA FRASE;
S LABIOS, PA-
SE LO
QUEPASE.
TE AMARÍA
DEMENTE, NO
ENTENDER
R L
IGNOR
RÍA SORDO;
IEMPRE EN
TE A
T N
DA; SÓLO TU IMA-
GEN NÍTIDA
Y
NGEL
DA. TE AMO SIMPLE,
C MO SOY; D
BAJO DE
LA FRENTE
POR DONDE VOY. TE AMO; SOBRA TODO LO
DEMÁS. PROMETE
QUE ALGÚN
OTRO VIER-
NES VOL-
VERÁS.

En los arenales de Santander

Os quiero mucho a los dos en la bahía
intentando pescar a guadañeta,
con el alma de ilusión repleta
pero la cesta de pescar vacía.

En el "Corito" viejo, despintado,
y desfondado... no quiero ser prolijo,
os quiero sobre el arenal enfangado
enseñando a pescar muergos al hijo.

Y amo la disculpa que me da la gusana,
la gusana astuta y enterrada,
de vivir una aventura cotidiana
casi, casi olvidada.

Siempre os quisiera tener,
para cuando lleguen los sinsabores,
como ayer:
solos y encantadores
en los arenales de la bahía
de Santander.

OS
QUIERO
SOBRE EL
ARENAL
ENFANGADO
ENSEÑANDO A
PESCAR MUERGOS
..URA COTIDIANA
CASI, CASI OLVIDADA.
SIEMPRE OS QUISIERA
TENER, PARA CUANDO
LLEGUEN LOS SIN-
SABORES, COMO
AYER: SOLOS Y EN-
CANTADORES EN LOS
ARENALES DE LA BAHIA DE SANTANDER.

El día que cumplas tres años…

… habrá tres marineros en tu cuna:
uno te contará historias del mar,
otro de las blancas noches de luna,
y el tercero
es el que te debe consolar
si te asustan el segundo o el primero.

El primer marinero será Simbad.
Te hablará de castillos, de princesas
que durmieron un siglo… cosas de esas,
y de cómo le salvaron de una tempestad
dos pájaros gigantes que le alzaron al vacío,
y después de un largo vuelo
cómo le dejaron en el suelo
a la orilla del mar, junto al navío.

El segundo marinero que te pondrá en vilo
será el Capitán Garfio. Ya verás:
te contará su batallita del cocodrilo
en el País de Nunca Jamás,
y cómo secuestró a la princesa Tigrilla
en la cueva que tapaba la marea,
y cómo Peter Pan, después de una pelea,
la salvó con la ayuda de Campanilla.

Después de esas historias será de aúpa
el trabajo del tercer marinero.

Va a ser capitán de una chalupa
(no de una carabela, ni un velero)
que malamente te consolará,
porque viéndote embaucado y temeroso,
pero a la vez refitolero y curioso,
lleno de orgullo creo que llorará.

¡Ridículo capitán del "Corito"!
A pesar de las lágrimas
espero ser tu marinero favorito.

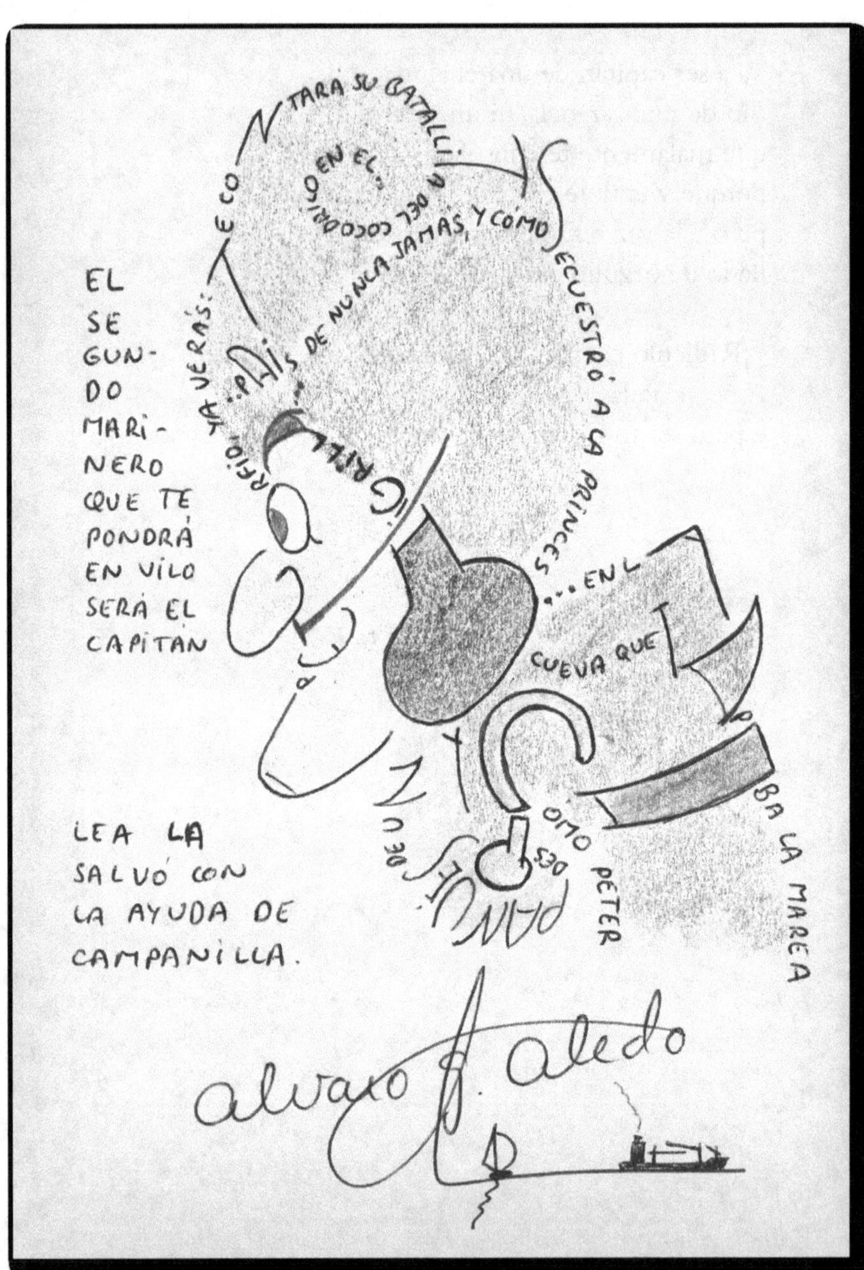
EL
SE
GUN-
DO
MARI-
NERO
QUE TE
PONDRÁ
EN VILO
SERÁ EL
CAPITÁN
TARA SU BATALLI
DEL COCODRILO
EN EL..
DE NUNCA JAMÁS, Y CÓMO
ECUESTRÓ A LA PRINCES
...EN L
CUEVA QUE
BA LA MAREA
PETER
LEA LA
SALVÓ CON
LA AYUDA DE
CAMPANILLA.
alvaro g. aledo

Amo los ojos negros de Lucas

Amo los ojos
negros de Lucas,
su careto redondo
y sus patucas.

Amo su barriga
prominente,
su naricilla chata
y su ancha frente.

Y sus dos rubias
coronillas,
como dos escarolas
amarillas.

Amo su redonda
y pelada camocha,
su curiosidad viva
y su gramática pocha.

Amo su inteligente
comprensión,
y por cualquier tontería
su admiración.

Y al llamarle desde el fondo
del pasillo:
"Lucas patucas",
venir corriendo como un diablillo.

Amo su media lengua,
su balbuceo,
su muchísimo de guapo
y su poquísimo de feo.

Amo las lorzas blancas
de su piel morena,
y cuando dice papá
lo bien que suena.

Amo su interés
testarudo
y su cariño
mudo.

¡Cómo no querer
a este grumetillo
tan refitolero
y tan sencillo!

Veo en su cuerpito
frágil de bebé
el reflejo perfecto
de lo que el mío fue.

Y cuando La Parca me gane
la batalla
él será yo
cuando yo me vaya.

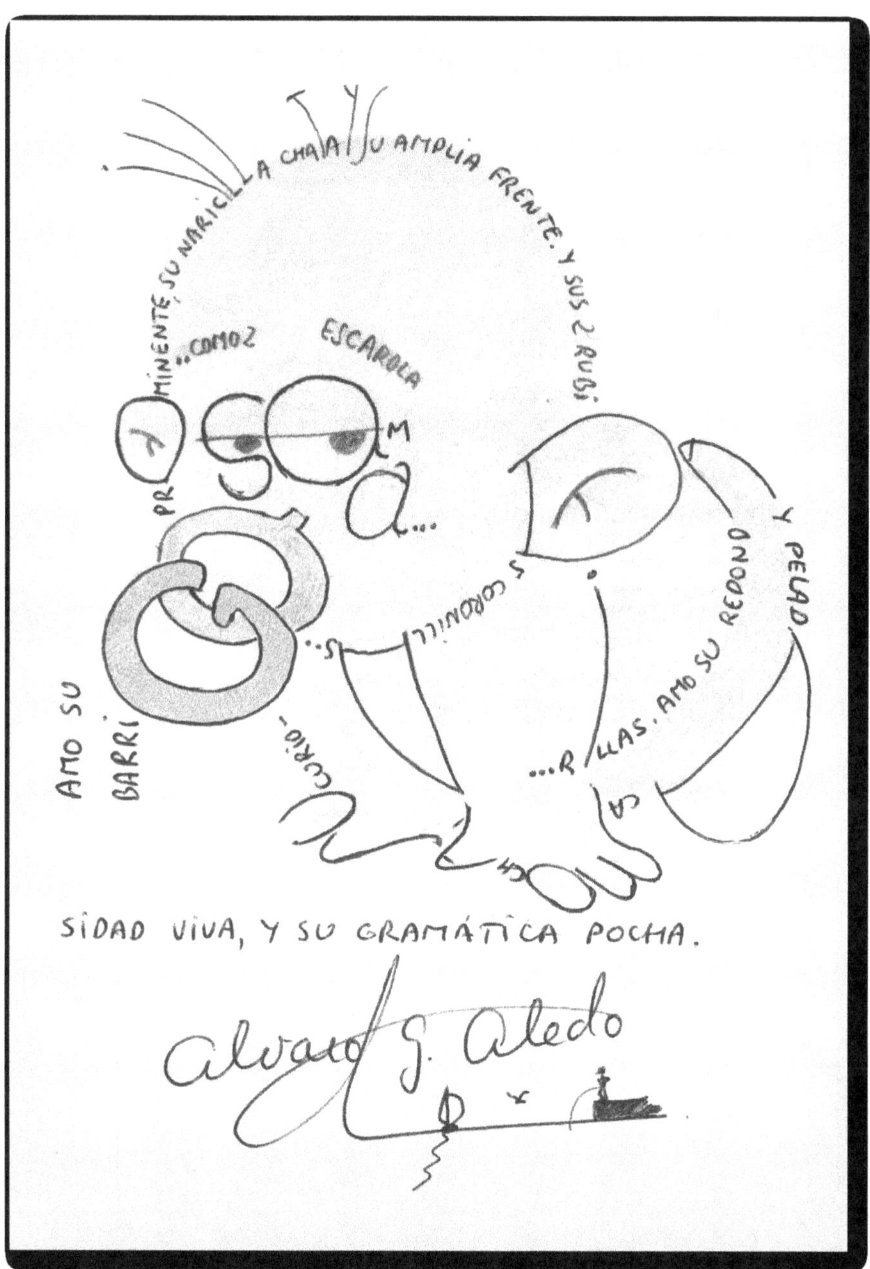

A CHA Y SU AMPLIA FRENTE. Y SUS 2 RUBI
SU NARIC
MINENTE,
...COMO 2
ESCAROLA
PR
M
a...
S CORONILL
...S
Y PELAD
REDONDO
...R LLAS. AMO SU
CA
CURIO-
AMO SU
BARRI
SIDAD VIVA, Y SU GRAMÁTICA POCHA.
Alvaro G. Aledo

La superficie del mar

La superficie del mar,
salada, ondulada y lisa,
es como la piel de Ana
cuando me quiere sin prisa
bajo la manta holgazana.

A la orilla de la playa
las olas de blanca espuma,
a la orilla de mi cama
su dentadura nocturna,
sus olas bajo el pijama.

Al ritmo de su cadera
sube y baja la marea,
y de su boca lasciva,
cariñosa, posesiva,
que me besa y mordisquea.

Ebullendo en la bahía
o en la piel de esta mujer,
gozo con tacañería
los mares de lencería
de Santander.

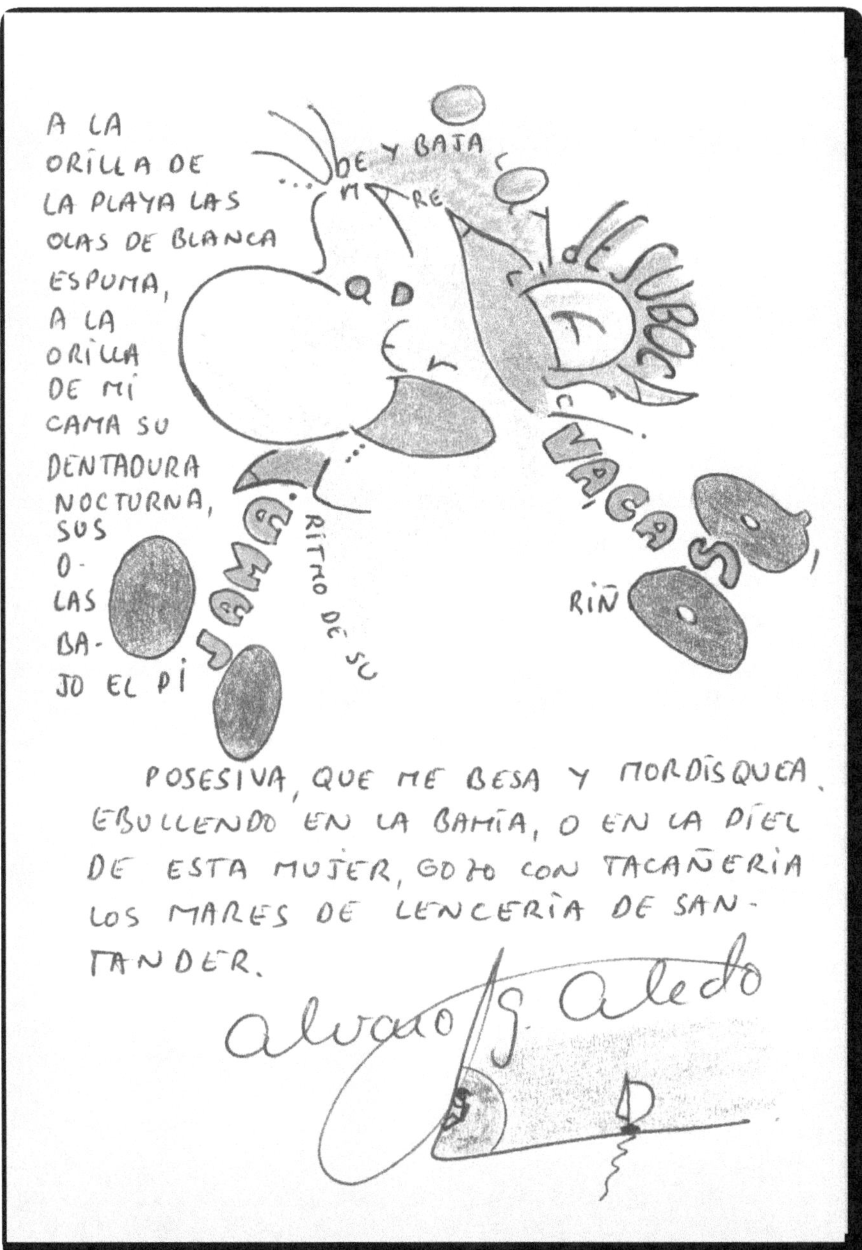
A LA
ORILLA DE
LA PLAYA LAS
OLAS DE BLANCA
ESPUMA,
A LA
ORILLA
DE MI
CAMA SU
DENTADURA
NOCTURNA,
SUS
O-
LAS
BA-
JO EL PI
...BE Y BAJA
MARE
Y DESCUBRO
¡VACAS!
RIÑ
RITMO DE SU
POSESIVA, QUE ME BESA Y MORDISQUEA.
EBULLENDO EN LA BAHÍA, O EN LA PIEL
DE ESTA MUJER, GOZO CON TACAÑERÍA
LOS MARES DE LENCERÍA DE SAN-
TANDER.
alvaro g. aledo

Entre brindar

Entre brindar con un vaso de rojo
o apagar en la tarta las velitas
cada año que damos por zanjado,
o escribirte algún verso mal rimado,
o besarte en la siesta las tetitas,
tú ya sabes, mi niña, lo que escojo.

No deduzcas de lo que no te escribo
lo mucho o lo poco que te quiero.
Dedúcelo de las cosas que te hago
en nuestras siestas de El Sardinero,
o de la forma tierna en que te miro
cuando soy feliz contigo en el velero.

Cuando tenga más tiempo para mí
volveré a ser el poeta de cuando te conocí.

NO DEDUZCAS DE LO
QUE NO TE ESCRIBO LO
MUCHO O LO POCO QUE
QUIERO. DEDÚCELO
TIER..
QUE
FORM
..NA EN QUE TE MIRO CUANDO SOY
FELIZ CONTIGO EN EL VELERO.
alvaro g. aledo

Albricias

Hoy cumples doce años; despierta, es la vida.
Hoy todo en ti florece y se hace primavera:
el pecho que aprisionas, y el vientre que quisiera
liberar a la flor que llevas escondida,
a la mujer que llevas prisionera.

Vuela por las alturas como una mariposa,
elévate, elévate hasta hacerte borrosa,
y desde el aire ve la página vacía
donde empieza tu historia, clara, lineal, hermosa:
ve este mismo día.

Mírate de otra forma, siéntete transformada,
disfruta del encanto de esta fecha furtiva,
la primera de una serie de noches doradas
en que vas a sentirte resucitada y diva,
tal vez enamorada.

A partir de mañana nada será lo mismo.
Vive feliz, tranquila, al borde del abismo,
y aunque te aterre el día de la de la guadaña,
tú disfruta, disfruta de este hermoso espejismo,
de esta vida tan corta y tan extraña.

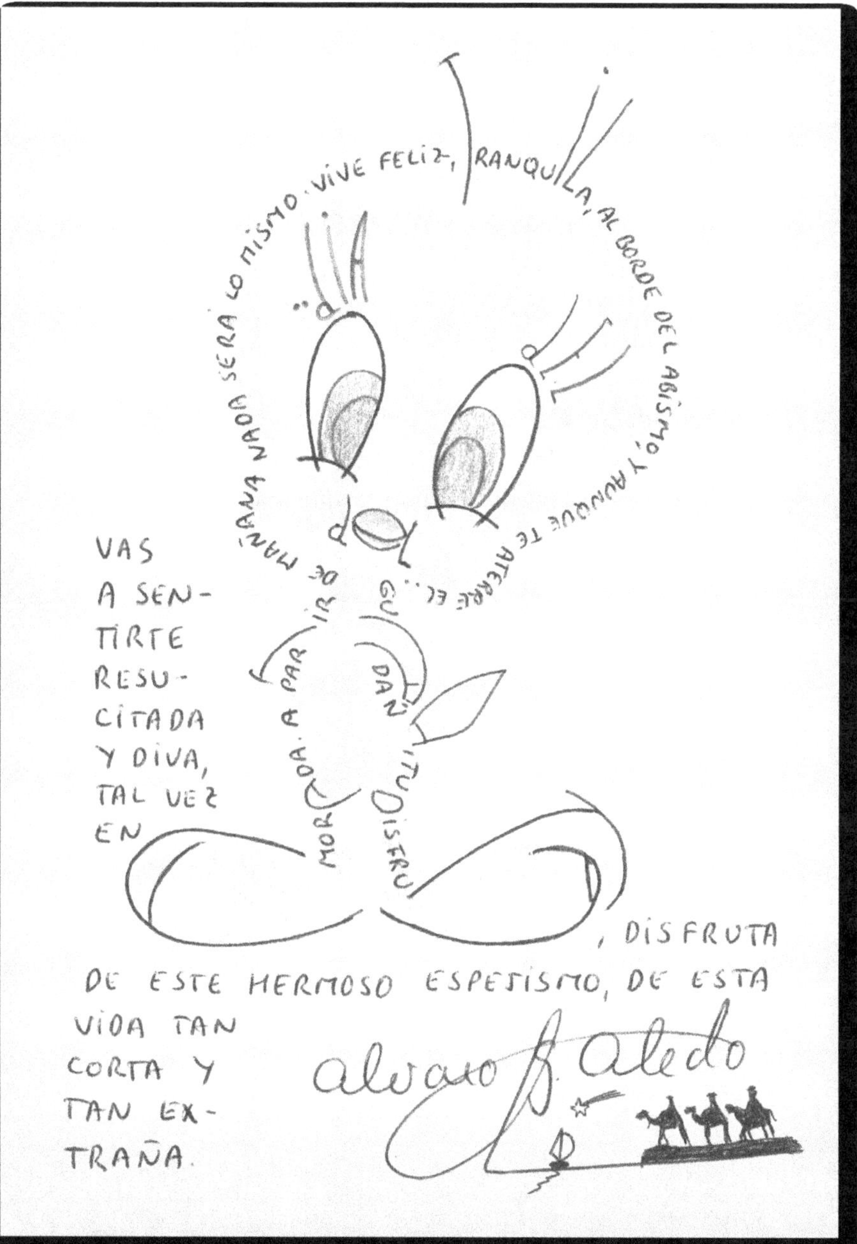
DE MAÑANA NADA SERÁ LO MISMO. VIVE FELIZ, TRANQUILA, AL BORDE DEL ABISMO, Y AUNQUE TE ATERRE EL...
VAS
A SEN-
TIRTE
RESU-
CITADA
Y DIVA,
TAL VEZ
EN
, DISFRUTA
DE ESTE HERMOSO ESPETISMO, DE ESTA
VIDA TAN
CORTA Y
TAN EX-
TRAÑA.
alvaro B. aledo

Las lágrimas de Carol

Le suben a los ojos por las cosas sencillas,
y yo me prendo de esas pequeñas maravillas
que gotean despacio pidiendo amor a gritos.
 Más tarde se frota la nariz con la muñeca,
y cuando pasan unos eternos minutitos
y no le queda ya ni una pestaña seca,
nos sonríe de nuevo con su preciosa hilera,
recuperada, suelta, bonita y pinturera.
 Si yo fuese Pablo la lamería entera
desde el primer mohín hasta que sonriera.

MAS TARDE SE FROTA LA NARIZ CON LA MUÑECA,
Y CUANDO PASAN UNOS ETERNOS MINUTITOS
Y NO LE QUEDA YA NI UNA PESTAÑA SECA,
NOS SONRÍE DE NUEVO CON SU PRECIOSA HILERA

RECUPERADA, SUELT
B
NITA Y P
RFECTA. SI Y
FUESE PABLO
MERI
EN
TERA, DES
RIMER MOHÍN...

... HASTA QUE
SONRIERA.

El viaje de Lucas

Yo ya no tengo aquel cuerpo de senegalés
ni mi compañera aquel de diva hollywoodiense,
nuestro país sigue siendo cateto y portuense
y el mundo que heredamos sigue estando del revés.

Tú ya no eres el bebé de la uve de la victoria
ni el niño pequeño que imitaba todo lo de Pablo,
ni el que decidió estudiar la mente y la oratoria,
ni al que Cupido desclavó de golpe su venablo.

Ahora emprendes un viaje de experiencias iniciáticas
lejos, muy lejos de este país monárquico y pueblerino
que solo te ofrece un futuro en dosis homeopáticas
y un presente inseguro, sometido y sietemesino.

Veo en ti mi juventud mochilera y autoestopista,
a aquel soñador inseguro y enamoradizo
del que nació este hombre luchador e inconformista
que te apoyará en ese largo viaje transfronterizo.

Pero el tiempo pasará deprisa y cuando al fin comprendas
que en otros países subyacen las mismas mediocridades
y que la gente se mueve por parecidas mezquindades
(la vida misma) vuelve, vuelve a casa, aunque a sabiendas
de que tendrás que ser feliz en un mundo imperfecto,
siempre mirando de soslayo a La Triste Comitiva,
luchando por cambiar su parsimonia y su trayecto
sin dejarte tentar por la vida contemplativa.

Y cuando al fin encuentres a tu diva hollywoodiense
y puedas luchar por un mundo mejor con ella al lado,
aprende a ser feliz con vuestra historia liliputiense
hasta que cuentes a tu hijo esto que te he contado.

Luego déjale hacer lo que quiera cuando se lo piense.
Pedir más a esta vida tan corta... sería pecado.

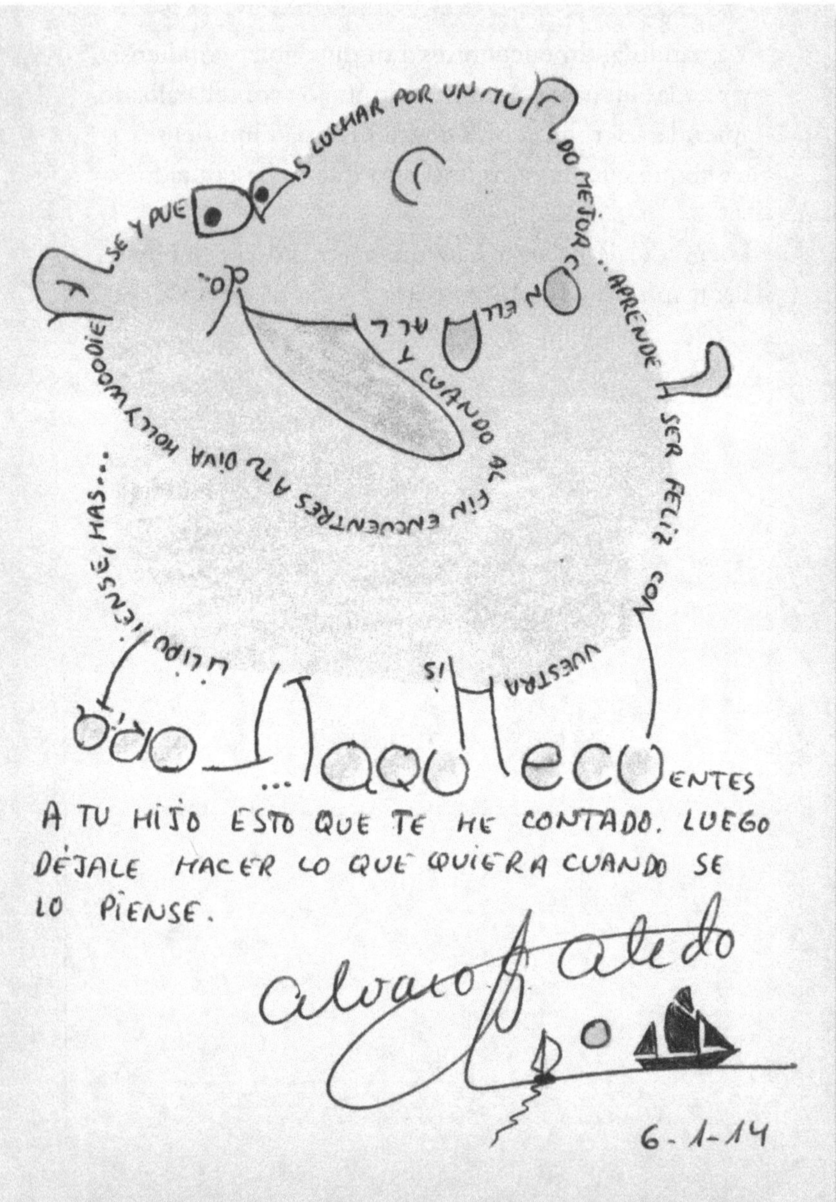
SE Y PUE
S LUCHAR POR UN MU
DO MEJOR
...APRENDE
SER FELIZ
CON
VUESTRA
SI
CON ELL
AL
Y CUANDO
AL FIN ENCUENTRES A TU DIVA HOLLYWOODIE
MAS...
...AQU
ECU
ENTES
A TU HIJO ESTO QUE TE HE CONTADO. LUEGO
DÉJALE HACER LO QUE QUIERA CUANDO SE
LO PIENSE.
alvaro aledo
6-1-14

La de la 105 nos vuelve a sonreír

Después de verla ayer del brazo de La Parca
la de la 105 nos vuelve a sonreír,
no queriendo seguir el paso que le marca
hoy ha vuelto a vivir.

Entro a la habitación y ella sale de un sueño;
siento rondar su cama a La Impertinente;
me mira, me investiga, arruga un poco el ceño,
tirita... y me saluda su risa impenitente.

Claro que es una risa demasiado inocente
esta que se ha adueñado de su vieja figura,
que con el ritmo torpe del estupefaciente
tal vez sea su última y cruel lastimadura.

Porque tras esa risa de tragar dinamita
duele ver a mamá que sufre y desatina,
ver cómo poco a poco se aleja y debilita
entre la mascarilla, el suero y la morfina.

Es doloroso, injusto, que hasta nos enternezcan
esos gestos valientes para sobrevivir,
esa mujer luchando porque no desfallezcan
sus ganas de reír.

Perdonadme la duda, pero si Dios existe,
¿por qué este adiós tan largo, desgarrador, tan triste?

El reloj ha transformado

El reloj ha transformado
el amor adolescente
e inseguro del pasado
en la nostalgia ausente
de aquel desorientado
solitario de veinte;
en el sexo atolondrado
del rebelde impenitente
al principio de los treinta;
en la dulzura simple del presente
en los alrededores de los cuarenta;
y en que me inunden todos como un torrente
ahora que me acerco a los sesenta.

Pero ese tiempo cruel que se divierte
hoy con un encuentro fugaz o inesperado,
mañana con un adiós triste y desorientado,
es el que sigue haciéndome quererte
año tras año, hasta que la muerte,
como desde el principio se propuso,
ponga fin al amor adolescente,
a la nostalgia y al sexo atolondrado,
seque la dulzura de aquel torrente,
y vencido y arrojado el cuerpo incluso
a la sepultura,
solo nos sobreviva la ternura
eternamente.

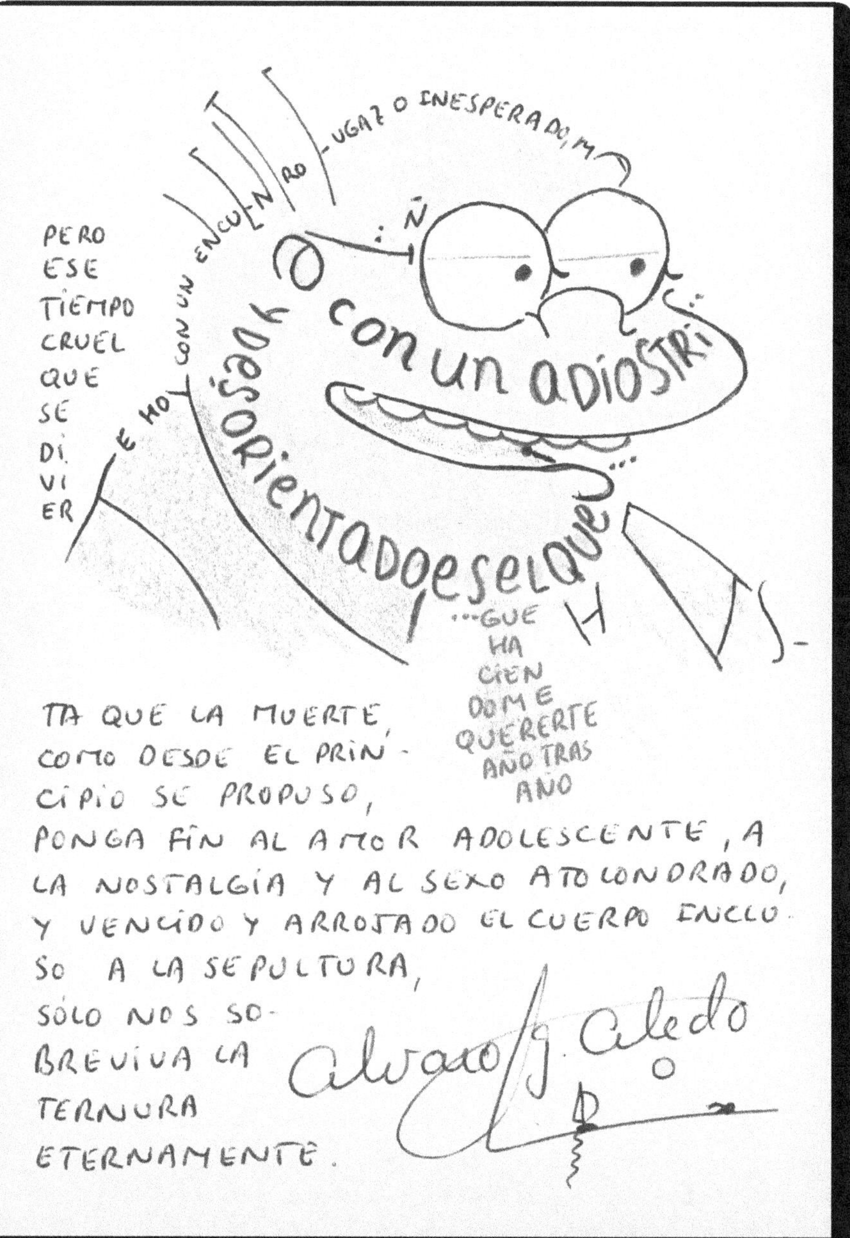
PERO
ESE
TIEMPO
CRUEL
QUE
SE
DI
VI
ER
E HOY CON UN ENCU
O CON UN ADIOSTRI
Y DESORIENTADOESELQUE
...GUE
HA
CIEN
DOME
QUERERTE
AÑO TRAS
AÑO
TA QUE LA MUERTE,
COMO DESDE EL PRIN-
CIPIO SE PROPUSO,
PONGA FIN AL AMOR ADOLESCENTE, A
LA NOSTALGIA Y AL SEXO ATOLONDRADO,
Y VENCIDO Y ARROJADO EL CUERPO INCLU-
SO A LA SEPULTURA,
SÓLO NOS SO-
BREVIVA LA
TERNURA
ETERNAMENTE.

www.ingramcontent.com/pod-product-compliance
Lightning Source LLC
La Vergne TN
LVHW050318160826
845677LV00014B/3469

* 9 7 8 8 4 1 8 9 1 2 9 7 9 *